Wie das Wasser
für den Fisch

Wie das Wasser
für den Fisch

77 Impulse für das glückliche Leben

Bibliografische Information der Deutschen Nationalbibliothek:
Die Deutsche Nationalbibliothek verzeichnet diese Publikation in
der Deutschen Nationalbibliografie; detaillierte bibliografische
Daten sind im Internet über dnb.dnb.de abrufbar.

© Robert Bauer 2024
Kontakt: bauer.at@aon.at

Verlag: BoD · Books on Demand GmbH, In de Tarpen 42,
22848 Norderstedt
Druck: Libri Plureos GmbH, Friedensallee 273, 22763 Hamburg
Coverfoto: pixabay.com

ISBN: 978-3-7693-0777-1

01 Wie das Wasser für den Fisch

Ist Atmen ein Hobby für Menschen, die eine besondere Veranlagung oder Vorliebe zum Atmen in sich tragen? Natürlich nicht. Jeder lebt vom Atmen – ob er will oder nicht. Selbst Neugeborene, Koma-Patienten und Demenz-Kranke atmen, ohne zu wissen, was sie da tun. Sie können es einfach, weil solange der Mensch lebt, atmet er. Ebenso das Wasser für den Fisch: Wasser ist für ihn nicht bloß eine Möglichkeit unter vielen. Er ist vom Wasser existenziell abhängig, er lebt in und vom Wasser, er schwimmt einfach, weil er lebt. Er hat keine Wahl. Wasser ist für den Fisch wie die Luft für den Menschen kein Hobby, sondern seine Existenz-Grundlage: Es gibt für ihn nur Wasser oder Tod.

Genauso ist auch das Leben mit dem lebendigen Überfluss-Gott kein Hobby für religiös veranlagte Menschen. So wie die Luft kein „Hobby" für Menschen ist, die eine Vorliebe für Luft haben, so wie andere eine Vorliebe für Siamkatzen, Münzensammeln oder Volksmusik haben. Leben ist das nackte Existieren, und Gott ist dafür existenziell nötig wie das Wasser für den Fisch. Gott startet und erhält jede Existenz und jede Tatsache, jedes Da-Sein, vom Atomteilchen über Lebewesen bis zu Galaxien. Weil es Lebewesen gibt, muss es auch notwendigerweise einen Urheber von Leben geben – so wie die Existenz von Büchern darauf hinweist, dass es notwendigerweise in dieser Welt Autoren, Druckereien und Verlage geben muss. Weil es Brot gibt, muss es auch Getreide, Mehl und Back-Know-how geben. Weil es Menschen gibt, muss es auch Gott geben. Wer das nicht glauben möchte, wurde nicht durch die besseren Argumente dazu gezwungen; sondern er hat einfach seinen Herzenswunsch, dass es irgendwie ohne Gott gehen soll, zur Wahrheit erklärt, und danach mehr oder weniger überzeugende Gründe als Bestätigung dafür gefunden.

Doch es ist von keinem Widerstand zu ändern: Gottes Realität und Gegenwart ist unser angestammter Lebensraum. Dort gehören wir hin. Wie der Fisch ins Wasser und nur dorthin gehört, weil er nur dort leben kann, so gehört der Mensch in Gottes Gegenwart. Nur dort kann er aufleben, nur dort kann er auf Dauer überleben. Ohne Wasser stirbt der Fisch binnen kurzer Zeit, denn an Land schnappt er im falschen Medium nach Luft und Leben, wo für ihn keines zu finden ist. Ohne den lebendigen Gott schnappt jeder Mensch ebenso im falschen Medium nach Luft und Leben, wo er keines finden kann – und stirbt im Innersten nicht an Unfällen, Krankheiten oder Altersschwäche, sondern schon lange vorher an seinem existenziellen Gottes-Mangel, selbst wenn der Körper noch eine Zeit lang weiterfunktioniert.

„In ihm (Gott) **leben, handeln und sind wir."**
(Apostelgeschichte 17,28)

02 Die Wunder

Wir haben uns im Lauf des Lebens so sehr ans Existieren, ans Da-Sein gewöhnt, dass wir gar nicht mehr wahrnehmen, welches Wunder es ist, einfach da zu sein. Es ist ein völlig übernatürliches Wunder, dass es mich gibt. Es ist ein völlig übernatürliches Wunder, dass es überhaupt irgendetwas gibt. Viel naheliegender wäre das Nichts, die Leere, die totale Abwesenheit von jeglicher Energie und Materie, Intelligenz und Zusammenhängen, Ursachen und Auswirkungen.

Wir müssen lernen, alles irgendwie Positive (wirklich alles!) wieder als göttliches Wunder zu erkennen und zu genießen: Jeden Wassertropfen, jeden Lufthauch, den Ton eine Flöte, die Wärme der Morgensonne auf der Haut, ein Kinderlachen, die Flammen eines Lagerfeuers, den intensiven Geschmack einer Zitrone, den Frieden in Gott, selbst unter wilden äußeren Umständen. Wir haben die Fähigkeit, all das bewusst wahrzunehmen, aber wir vergraben so Vieles unter einer alles Staunen zermalmenden Gewöhnung.

Dabei gilt: Nichts ist selbstverständlich, nichts ist „von selbst", nichts ist „einfach da". Wer an den Gott der Wunder glaubt, für den wird alles zum Wunder: Nicht dass Jesus Wasser in Wein verwandeln konnte, ist das Wunder; sondern das Wunder ist, dass es überhaupt so etwas wie Wasser und Wein und Menschen gibt, und dass es eine Welt gibt, in der es all das gibt. Nicht wenn Jesus heilt – damals wie heute – ist dies das grundlegende Wunder, sondern dass es etwas wie Heilung gibt, dass es überhaupt einen anderen Zustand als Krankheit, Verwesung, Tod und Nicht-Existieren gibt.

„Nur Narren denken in ihrem Herzen: Es gibt keinen Gott." *(Psalm 53,2)*

03 Das Fernglas

Wenn man von der falschen Seite durch ein Fernglas schaut, geschieht genau das Gegenteil von dem, was man eigentlich damit erreichen will: Die Dinge erscheinen dann sehr weit entfernt, in ungreifbarer, unerreichbarer Distanz. Wer von der falschen Seite durch ein Fernglas schaut, wird denken: Dieses Ding ist ja sinnlos und völlig unbrauchbar. Es macht ja alles noch kleiner, ferner und mühsamer zu erkennen. Dieses Fernglas ist ärgerlich, weg damit! Keine Ahnung, warum andere Leute von so einem Mist begeistert sind!

Wenn man die Bibel von der falschen Seite her liest, ist es genauso: Dinge, die in Wahrheit zum Greifen nahe sind, erscheinen dann völlig entfernt, weit weg, unerreichbar. Wer die Bibel mit Unglauben, Widerstand und einer inneren Einstellung von Kritik, Distanz und Ablehnung liest, wird in aller Regel in dieser Ablehnung bestätigt werden. Die uralten Geschichten! Die abwegigen Wunder! Der rätselhafte, unfassbare Gott, von dem da die Rede ist! Wie kann man das nur ernst nehmen, sogar begeistert sein davon wie manche Menschen? Es fühlt sich so widersinnig an wie falschherum durch ein Fernglas schauen.

Von der Seite des Glaubens, Vertrauens und Annehmens zu lesen, macht dagegen aus der Bibel ein funktionstüchtiges Fernglas: Dann zeigt sie die wesentlichen Dinge des Lebens, egal was man durch sie ansieht, sehr nah. Immer wenn beim Lesen der Bibel der Eindruck entsteht: Das ist doch absurd, unsinnig, lebensfremd – dann ist der Grund für diesen Eindruck wahrscheinlich, dass durch „die falsche Seite", durch die

Unglaubensseite gesehen wird. Der Perspektivenwechsel zur Glaubensseite macht die Dinge früher oder später wieder sinnvoll und klar, wie beim Fernglas von der richtigen Seite. Das muss man aber selbst erleben und kann es nicht bloß aus zweiter Hand annehmen.

„Sei nicht mehr ungläubig, sondern gläubig."
(Johannes -Evangelium 20,27)

04 Die Übersetzung

Der Genetiker J.B.S. Haldane hat gesagt, dass das Universum nicht nur seltsamer ist, als wir vermuten, sondern sogar seltsamer, als wir überhaupt vermuten *können*. Ganz ähnlich ist es auch mit Gott (an den Haldane nicht geglaubt hat): Wenn es wirklich einen Schöpfer gibt, der unser Denkvermögen erschaffen hat, dann muss dieser Schöpfer unseres Denkens so viel größer, so anders und aus unserer Perspektive auch so viel seltsamer sein, als wir uns überhaupt ausdenken und vermuten *können*.

Wir stehen vor ihm verständnislos wie Ameisen vor den Grundlagen und Techniken der Herzchirurgie; wir sind vor ihm ratlos wie Tomaten, die eine Expedition zum Mond organisieren sollen; wir sind ahnungslos wie eine Forelle, von der man verlangt, ein Symphonieorchester zu dirigieren. Was immer ein allfälliger Schöpfer will, dass wir von ihm verstehen sollen, muss er uns deshalb selbst zeigen, muss er selbst in unsere Denkmöglichkeiten hinein übersetzen. Er muss sich sozusagen hinuntertransformieren, so wie man elektrische Hoch-Spannung von der Fernleitung in eine Niedrig-Spannung hinunter transformieren muss, damit sie für den Haushalt „erträglich" und brauchbar ist. Ameisen können sich nur Ameisen-Gedanken ausdenken, Tomaten können noch weniger. Und wer einer Forelle das Orchester-Dirigieren beibringen wollte, müsste nicht nur Forellengedanken denken können und diese in Forellensprache ausdrücken können, sondern müsste am besten selbst irgendwie zur Forelle werden, um den Forellen nachvollziehbar und glaubwürdig sein Anliegen vermitteln zu können.

Von daher ist es nicht mehr ganz absurd, dass Jesus behauptet, er selbst sei diese Offenbarung von Gott: Ein Schöpfer, der selber Menschengedanken denken kann und sie in Menschensprache ausdrücken kann – und dazu selber ein Mensch wird, um sich den Menschen auf ihrer Ebene verständlich und glaubwürdig zu zeigen. Darum hilft uns keine Religion, die wir uns ausdenken könnten: Uns hilft nur eine Offenbarung, die von Gott kommt, und die daher absurd scheinen *muss*, weil sie unendlich weit über den primitiven religiösen Gedanken steht, die uns Menschen möglich sind. Diese Offenbarung kommt aber in unseren eigenen Worten, unseren Denkmöglichkeiten, unserem Verständnishorizont – eingekleidet im Leben, in den Worten, im Handeln und in der Existenz von Jesus.

„So viel der Himmel höher ist als die Erde, so sind auch meine Wege höher als eure Wege und meine Gedanken höher als eure Gedanken." (Jesaja 55,9)

05 Der Spielplatz

Auf einem Kinderspielplatz sieht man öfters einen alten, freundlichen Herrn auf einer Bank sitzen. Sehr gerne schaut er den fröhlichen Kindern zu, wenn sie schaukeln, rutschen oder in der Sandkiste graben. Natürlich würde es ihm niemals einfallen, die paar Schritte hinüberzugehen und selbst einmal eine Schaufel zu nehmen, um eine Sandburg zu bauen, oder sich zu den Kindern in die Korbschaukel zu setzen und mitzuschwingen, mitzujubeln, mitzuschreien. Das lassen sein Alter und seine Würde nicht zu, und auch nicht seine Gebrechlichkeit. Er mag die Kinder, aber er hält Distanz, damit ihm nichts geschehen kann. Und wenn dann die Kinder zu laut werden, schreien, weinen oder gar streiten und raufen, dann reicht es ihm: Er verzieht verärgert das Gesicht, steht auf und verlässt ernüchtert den Spielplatz. Am nächsten Tag zieht es ihn dann doch wieder hin und er genießt die Kinder erneut in dem Ausmaß, das er vertragen kann und das ihm gerade noch gut tut.

Ist Gott etwa auch so? Er sieht uns gerne und mit Sympathie zu, er setzt sich – mit sicherem Abstand! – ein wenig zu uns. Aber seine große Würde und Heiligkeit erlauben ihm nicht, auf unsere Ebene „in die Sandkiste" herunterzukommen oder gar mit uns zu spielen, einfach lustig und „normal" zu sein. Er könnte ja schmutzig werden, er könnte ja in seiner Heiligkeit angetastet werden. Er bleibt lieber wie ein alter Herr auf der Bank da drüben, der zwar auf den Spielpatz gekommen ist, aber vorsichtig am Rand sitzen bleibt. Und irgendwann reicht es diesem alten Gott dann auch wieder: Die Menschen stören ihn in seiner Würde und in seinen Vorstellungen, wie es am Spielplatz „Erde" zugehen soll, und so ärgert er sich, steht auf und zieht sich wieder zurück.

Nein, Gott ist nicht so: Er ist zu uns in die Sandkiste gestiegen, er schaukelt und rutscht mit uns. Er ist mit uns fröhlich. Er steigt ein in unsere kleinen Realitäten und Vorhaben, er ärgert sich nicht über uns und kann nicht zum Rückzug aus dieser Welt bewegt werden. Er hat in Jesus seine Würde und Herrlichkeit hinter sich gelassen (und sie dadurch erst richtig zum Leuchten gebracht) und ist ganz einer von uns geworden. Nicht nur als Mitspieler, sondern als Diener für alle. Es ist, als ob der alte Herr am Spielplatz auf einmal die Ärmel hochkrempelt, lacht und rennt, die Kübel und Sandschaufeln packt und mitgräbt, den heulenden Kindern die Rotznasen putzt, in Raufereien schlichtend eingreift und den Kindern über den Kopf streichelt: So ist der Schöpfer der Welt zu uns, in die Welt, auf unseren „Spielplatz" gekommen – um zu bleiben.

„Jesus nahm die niedrige Stellung eines Dieners an und wurde als Mensch geboren." (Philipperbrief 2,7)

06 Der Erbe

Ein reicher Onkel ist gestorben und hat seinem Lieblings-Neffen nichts als bloß eine einzige Aktie vererbt: Ein winziger Anteil an irgendeinem Unternehmen, von dem der Neffe noch nie gehört hat. Der Neffe ärgert sich: Viel lieber hätte er die prunkvolle Luxusvilla geerbt oder zumindest eines der tollen Autos in der Garage des Onkels oder einen hohen Geldbetrag. Aber was soll er denn mit der einen dummen Aktie anfangen? Offenbar hat ihn der Onkel gar nicht wirklich so sehr geliebt. Den anderen Erben hat er viel bessere Dinge zugeteilt!

Nach einigen Tagen Enttäuschung forscht der verärgerte Neffe dann doch über dieses Unternehmen nach und erkennt bald: Es handelt sich um einen riesigen, weltweit aktiven Konzern mit enormem Gewinn, sodass selbst seine einzelne Aktie ihm als Dividende jedes Jahr ein Vermögen einbringt. Er selber hätte sich diese Aktie niemals gekauft, er kannte die Firma ja gar nicht. Aber durch die unverdiente Erbschaft ist ihm ohne sein Zutun ein unermesslicher Reichtum zugefallen, und er hat dieses Erbe zuerst gar nicht richtig geschätzt. Die anderen Erben sind mit ihren Erbteilen in Wahrheit viel ärmer dran: Die tollen Autos verlieren täglich an Wert, die Luxusvilla verschlingt enorme Kosten für ihre Erhaltung. Der hohe Geldbetrag, den manche andere Verwandte geerbt hatten, war rasch für unnötige Ausgaben verplempert. Die Aktie aber bringt weiterhin still und verlässlich ihre Dividenden, ohne jede Mühe, ohne jeden Aufwand.

Christen sind wie Aktionäre bei Gott, sie sind seine Anteils-Eigner: Ihnen gehört Gottes Vermögen, seine

Ressourcen und sein Reich: Seine Liebe, seine Freude, sein Wesen, seine Fülle. Wir haben ein Erbe, dessen Substanz ständig neue Zinsen bringt, ohne dabei selber an Wert zu verlieren. Wir halten Anteile am Wertvollsten, was es gibt: An Gott selbst. Wir haben ein lebendiges, unendliches Vermögen, das uns keine Gegenleistung abverlangt. Darum beneiden wir niemanden mehr um die kurzzeitig glänzenden vergänglichen Schätze, an die sich Menschen vergeblich klammern.

„Gott hat für seine Kinder ein unvergängliches Erbe."
(1. Petrus 1,4)

07 Die unendliche Schönheit

Ein Mensch betritt ein fremdes Haus. Er kann von draußen die Größe des Hauses nicht abschätzen, er sieht nur die Fassade und die Eingangstür. Trotzdem tritt er ein. Im ersten Raum, der sehr einladend gestaltet ist, sieht er sich um und entdeckt drei Türen, die offenbar in andere Räume führen. Er entscheidet sich einfach für die mittlere Tür und gelangt durch sie in den nächsten Raum. Dieser Raum ist noch viel schöner ausgestattet als der erste, und auch er hat drei Türen. Hier entscheidet sich der Mensch für die rechte Tür und kommt durch sie in einen weiteren Raum. Tatsächlich ist dieser Raum noch weitaus prächtiger als der vorige – und er hat wieder drei Türen. Der Mensch geht weiter, und weil jeder Raum, der er betritt, noch schöner, angenehmer, leuchtender ist als der vorige, vergisst er bald, dass er das Haus nur besuchen wollte und will nie wieder zurück, immer nur weiter vorwärts in den nächsten, noch schöneren Raum. Und er fragt sich auch nicht mehr, wie denn so viele Räume in ein Haus passen und was sich eigentlich hinter all den anderen Türen versteckt, die er nicht ausgewählt hat. Mit der Zeit wird ihm klar, dass hinter jedem Raum noch viele weitere Räume warten, und dass ihre Schönheit immer weiter zunehmen wird. Es wird kein Ende für die Anzahl und die Schönheit der Räume in diesem Haus geben. Mit jedem erforschten Raum wird das Erforschen des nächsten noch spannender und befriedigender. Und die Erfahrung der bisherigen Räume weitet das Bewusstsein und die Aufnahmefähigkeit für die Schönheit der folgenden Räume.

Wenn Gott wirklich ist, wer die Bibel sagt, dass er ist, dann muss es mit ihm ähnlich sein: Für einen Menschen, der ihn entdecken will, hat er immer noch mehr an tiefer Persönlichkeit, ausgereiftem Charakter, gutem Willen, perfekter Liebe, die ihrerseits zu immer noch mehr Eigenschaften, Dynamik und Liebe führen. Zugleich wird es niemals langweilig oder ermüdend, all dies schrittweise zu erkennen und zu genießen: Die Aufnahmefähigkeit und das tiefe Verständnis und Genießen-Können seiner Herzlichkeit, Liebe und Totalität wachsen mit dem Fortschreiten der Beziehung mit. Seine Fülle an Freude reichert sich im Menschen, der Gott genussvoll vertraut, in Menge und Qualität immer mehr an. Ein Ende dafür ist ausgeschlossen.

Mit allen Freuden dieser Welt sind wir irgendwann „durch"; mit Gottes unendlicher Person und Freude werden wir nie fertig sein, weil er ist, wer er ist.

„Seine Größe ist nicht zu erforschen."
(Psalm 145,3)

08 Das Star-Trikot

In einem bestimmten Alter wollen viele Buben (und auch manche Mädchen) ein Fußballtrikot mit dem Namen eines bekannten und erfolgreichen Fußballers tragen. Ein wenig naschen sie so am Ruhm und am Glanz dieses Stars mit und fühlen sich dadurch selber ein bisschen als dieser Star. Sie schlüpfen zwar nicht in die Haut, aber zumindest in das Leibchen des Fußballers und zeigen mit dem Namen am Rücken: Ich bin eigentlich auch so einer, etwas von seinem Können und Erfolg gehört auch mir. Natürlich will niemand in das Trikot eines völlig unbekannten oder besonders erfolglosen Fußballers aus einem exotischen Land schlüpfen, das kaum jemand kennt. Und niemand will den Namen eines Versagers am Rücken tragen, von dem alle Welt weiß, dass er bei der letzten Weltmeisterschaft fünf Eigentore verschuldet und vier Elfmeter verschossen hat. Ein anerkannter Star muss es sein, einer der besten, aus einer führenden Fußballnation und von einem der Top-Klubs. Einen solchen Namen trägt man mit Stolz.

Als Christen tragen wir den Namen von Christus, ähnlich wie auf einem Fußballtrikot am Rücken. Tragen wir ihn mit Stolz? Ist es ein Name, an dessen Ruhm wir ein wenig mitnaschen wollen, auf den wir stolz sind, so wie Kinder auf ihren Star? Christus ist und kann unendlich mehr als der brillanteste Fußballer, dessen Karriere dann früher oder später doch mit Verletzungen und nachlassender Perfektion in irgendeinem Land zu Ende geht. Die universelle Karriere von Jesus dagegen hat kein Ende, er bleibt für immer, was er ist. Wir schlüpfen in die Identität dieses Christus', wir ziehen uns sozusagen sein Trikot an. Er fordert uns ausdrücklich auf, das zu tun – genießen wir es auch? Es ist, als ob ein perfekter Fußballstar wirklich sein Können, seinen Ruhm, seinen Erfolg auf seinen Fan übertragen könnte, und dieser Fan ist dann selber eine neue, ganz individuelle Version dieses Stars. Genau das verspricht uns Jesus selbst, wenn wir ihn und sein Wesen – und nicht bloß sein Trikot – anziehen.

„Zieht Jesus Christus wie ein neues Gewand an: Er soll der Herr eures Lebens sein." (Römerbrief 13,14)

09 Die Geisterbahn

In manchen Vergnügungsparks kann man mit einer Geisterbahn fahren: Speziell kleinere Kinder schrecken und fürchten sich wirklich vor all den Figuren und Bildern – die überdimensionalen Plastik-Spinnen und aufklappende Särge, die hässlichen Hexen mit riesigen Warzen im Gesicht, und die grimmigen Sensenmänner aus Holz, die unheimlichen Geräusche und das bösartige Kichern, das plötzliche völlige Dunkel und Aufblitzen von Schreckensmasken und grässlichen Fabeltieren. Als Erwachsener kann man darüber lachen, denn man weiß ja: All diese Figuren und Schrecken sind bloß vom Betreiber der Geisterbahn genau für den Zweck produziert und arrangiert, dass man sich ein wenig gruseln soll. Aber ganz im Ernst – welcher vernünftige Mensch soll sich schon vor Pappfiguren und schwingenden Sensen fürchten, auch wenn sie noch so drastisch entlang der Geisterbahn platziert sind?

Unser Leben kommt uns manchmal auch wie eine Geisterbahn vor: Da ploppt plötzlich unerwartet etwas Erschreckendes auf, oder wir ahnen etwas von Tod und Verderben. Da – ein hässliches Erlebnis, dort – ein unfreundlicher oder bösartig wirkender Mensch, eine schreckliche Nachricht oder plötzliche Dunkelheit, wo man einfach nicht weitersieht. Und immer geht es weiter, immer fährt der Lebenswagen auf dieser Geisterbahn in neue, unbekannte Zonen. In Wahrheit ist das aber kein Problem: Wie in der Geisterbahn ist alles Erschreckende absichtlich so arrangiert, damit wir uns schrecken und eben nicht durchschauen, dass dahinter genau diese Absicht steht: uns zu erschrecken. Eine

Macht, die sich gegen Gott und seine Kinder erhebt, darf vorübergehend Figuren und Erlebnisse entlang der Lebensbahn genau so platzieren, dass sie möglichst viel Aufmerksamkeit an sich ziehen und perfekt vortäuschen, dass es keine Rettung und Hoffnung gibt. Gottes Kinder aber sollten wissen und erkennen, dass es sich um einen vergeblichen Aufwand der Gegenseite handelt. Der Lebenswagen wird diese Geisterbahn genau nach Plan des Eigentümers wieder verlassen, die Bahn ist auf wenige Schleifen begrenzt, und die Schrecken entlang der Bahn sind im Tiefsten nicht eine erschreckende Wirklichkeit, sondern sie wirken bloß auf den Unwissenden erschreckend. Kein Wunder, dass Jesus so oft in der Bibel souverän-entspannt zu Menschen sagt: „Fürchte dich nicht!"

„Die Wirklichkeit ist Christus selbst."
(Kolosser 2,17)

10 Das Kartenhaus

Egal, was Menschen in den letzten Jahrtausenden erfunden und entdeckt haben und wie sehr sich ihr Alltag verändert hat: Die Grundtatsachen des menschlichen Lebens sind unverändert die gleichen geblieben. Der Aufbau und die tausenden Funktionen des Körpers; die Notwendigkeit von Licht, Luft und Wasser; die Suche nach Liebe und Anerkennung; der Wunsch sich in Kindern fortzupflanzen; die Frage nach Sinn, Relevanz und Bedeutung des eigenen Daseins, wie auch immer die Antworten aussehen. Alle Technologie, alle Forschung, alle Wissenschaft haben daran nichts geändert – Menschsein heißt im Grund noch immer dasselbe, egal ob nun elektrischen Strom und Atombomben zur Verfügung steht oder nicht, ob die Kugelform der Erde und die Milchstraße bekannt ist oder nicht, ob man das Internet oder Brieftauben benutzt.

All das, was Menschen an Gutem und Schlechtem zum Menschsein hinzugefügt haben an Ideen und Geräten, an Bequemlichkeiten und Wissen, hat am Wesentlichen doch nichts verändert: Jeder Mensch ist wie ein vorläufig bestehendes Kartenhaus, das jederzeit in sich zusammenbrechen kann und jedenfalls eines Tages mit Sicherheit in sich zusammenbrechen wird. Auch daran haben alle Entdeckungen und Erfindungen nichts ändern können. So gut viele davon auch sind: Sie haben vor allem den Stolz und die Eigensinnigkeit der Menschen deutlich erhöht. Aber ein zerbrechliches Kartenhaus bleibt ein zerbrechliches Kartenhaus, egal wie stolz und hoch es gebaut wird (es wird umso wackeliger, je höher es ist). So bleibt auch jeder Mensch abhängig von Gott und den Grundtatsachen, die er festgelegt hat, egal wie unabhängig und „frei" von jeglichem Gott der Mensch sich auch immer vorkommt oder sein will. Allein bei Gott ist unsere Zerbrechlichkeit in besten Händen, und darum ist die Entscheidung gegen ihn so dumm und gefährlich wie eine Entscheidung gegen den eigenen Herzschlag oder gegen die Atemluft.

„Das Leben eines jeden Geschöpfes und der Atem jedes Menschen liegt in Gottes Hand." (Hiob 12,10)

11 Der Obstbaum

Ein großer Obstbaum steht so knapp an der Grundstücksgrenze, dass seine Äste weit in das Nachbargrundstück hineinragen. Deshalb wirft er seine Früchte beim Nachbarn ab, auf dessen schlechtem Boden alle Pflanzen eingehen. Der Nachbar wundert sich, wieso der Baum von drüben Früchte bringt, und genießt natürlich die ihm zufallenden Früchte. Aber er fragt sich: Da drüben am anderen Grundstück kann doch die Erde keine andere sein als hier herüben bei ihm. Oder doch?

Als Christen leben wir an der Schnittstelle zwischen zwei Grundstücken, zwei Reichen: Unsere Wurzeln sind schon drüben bei Gott, in seinem saftigen Boden, seinem Reich, seiner Realität – dort sind wir eingepflanzt. Unsere Äste aber ragen noch sehr deutlich herüber in diese dürre Welt, in dieses Reich, in diese Realität hinein. Beide Reiche existieren nebeneinander, ja sogar ineinander. Hier herüben tragen wir unsere Früchte für die Menschen um uns herum, aber das geht nur deshalb, weil wir schon in den fruchtbaren Boden drüben verwurzelt sind und von dort alles bekommen, was wir selber brauchen. Für den Baum sind die Wurzeln wichtiger als die Früchte; für den Nachbarn sind die Früchte wichtiger als die Wurzeln. So ist für Christen wichtiger, wo sie verwurzelt sind: Denn ein Baum lebt nicht von seinen eigenen Früchten, sondern bringt sie für andere. Er wird ganz aus der Erde ernährt, in der seine Wurzeln stecken.

Für die Menschen um Christen herum aber sind die Früchte, die Christen tragen, wichtiger – denn die Früchte bringen Leben und sind eine Einladung dazu, selber die eigenen Wurzeln in den fruchtbaren statt in den dürren Boden zu strecken und dadurch auch Teil dieses Lebenskreislaufs zu werden.

„Senkt eure Wurzeln tief in Gottes Boden und schöpft aus ihm." *(Kolosserbrief 2,7)*

12 Der Kern

Die Wahrheit über einen Pfirsich steckt nicht in der Schale oder im Fruchtfleisch, also in den Teilen, die man auf den ersten Blick sieht und nach denen man den Pfirsich rasch beurteilt. Sondern die Wahrheit, das Leben, die Kraft des Pfirsichs stecken im Kern. Wenn man die Schale oder das Fruchtfleisch ohne Kern in der Erde vergräbt, vermodern diese Teile und gehen ohne weiteren Sinn unter. Wenn man dagegen den Kern ohne Schale und Fruchtfleisch vergräbt, entsteht unter guten Umständen ein neuer Pfirsichbaum, der wieder Früchte – und neue Kerne! – hervorbringt. Wesentlich und ausreichend ist also nie die Schale, nie das Fleisch – sondern das unsichtbare Zentrum, der Kern im Inneren.

Und das gilt auch für Menschen: Die wesentliche Information, Würde und Wahrheit über einen Menschen steckt nicht in der Haut oder in den Muskeln und Organen, nicht im Körper und nicht in der sichtbaren Erscheinung. Aber wo ist der Kern eines Menschen? Und was macht diesen Kern aus? Schnell denken wir dabei an den eigenen Geist, die Identität, die Persönlichkeit –

wichtig Aspekte, aber letztlich zu wenig. Gott bietet an, sich selbst zum Kern zu machen. Das klingt vielleicht bedrohlich, ist aber das Beste, was einem Menschen geschehen kann. Gott will seine eigene Herrlichkeit, seine Schönheit, seine Würde und seine Freude teilen und zum Kern aller Menschen machen, die das auch wollen, weil sie ihm vertrauen. Seine eigenen Eigenschaften gehen damit schrittweise auf diese Menschen über: Denn wenn im Kern eines Menschen Gottes Wahrheit steckt, dann wird der ganze Mensch eine lebendige und individuelle Wahrheit Gottes. So wie eine Frucht, deren Kern ein Pfirsichkern ist, als ganze Frucht in Wahrheit ein Pfirsich ist. Denn der Kern – und nicht die Schale – definiert die ganze Frucht.

„Gott, für den alles erschaffen wurde und der alles erschuf, will seine Herrlichkeit mit vielen Kindern teilen."
(Hebräerbrief 2,10)

13 Der sichtbare und der unsichtbare Turm

Ein kleines Kind baut aus Bausteinen einen Turm: Es hat schon gelernt, wie es einen Baustein auf den anderen legen muss, damit der Turm immer höher wird, ohne umzufallen. Nach kurzer Zeit steht ein stattlicher Turm von 15 oder 20 Bausteinen da. Für die meisten kleinen Kinder ist es dann die größte Freude, den Turm umzustoßen, sodass er in sich zusammenkracht. Sie genießen den Einfluss, den sie damit auf ihre Umwelt ausüben können, und lernen den Zusammenhang zwischen Ursache und Wirkung erkennen und erproben ihn ausgiebig.

Der sichtbare Turm aus Bausteinen ist nun zerstört. Aber natürlich kann das Kind sofort wieder einen solchen Turm bauen. Denn in seinem Geist gibt es einen unsichtbaren Turm, ein unsichtbares Muster, eine unsichtbare Vorstellung davon, was ein Turm ist und wie man ihn baut. Der vorgestellte Turm ist unsichtbar, aber ganz real und ausreichend stark. Denn wenn dieses Muster, diese Vorstellung einmal in dem jungen Geist etabliert ist, kann das Kind beliebig viele Türme bauen und wieder umwerfen: Die sichtbaren Türme sind zwar zerstörbar, vergänglich, schwach, vorläufig; aber der unsichtbare Turm im Geist des Kindes ist unzerstörbar, stark, dauerhaft und bringt durch die Hände des Kindes immer neue Türme hervor.

Die sichtbaren Dinge gibt es also nur, weil dahinter unsichtbare Ideen, Pläne, Muster stehen – in letzter Konsequenz Gottes Gedanken und Ideen. Was ein Baum ist, das legen Gottes Ideen über Bäume fest. Ebenso legen seine Ideen fest, was ein Sonnenstrahl ist, was ein

Specht ist, was ein Atom ist, was Freundschaft ist, ja was Leben überhaupt ist. Die sichtbaren Sonnenstrahlen, Spechte, Atome und Freundschaften sind vergänglich. Aber Gottes unsichtbare Ideen, Pläne und Handlungen sind ewig, unzerstörbar, unangreifbar. Sie bringen – so wie das innere Muster vom Turm in Geist des Kindes – immer neue Ergebnisse und Ausdrucksformen hervor – so wie die verschiedenen Türme des Kindes.

„Wir wissen: Alles, was wir sehen können, hat ein Ablaufdatum. Darum muss etwas, das ewig bleibt, zwangsläufig für uns jetzt noch unsichtbar sein."
(nach 2. Korinther 4,18)

14 Das Erwachen

Ein Mensch leidet unter Alpträumen. In diesen Alpträumen quälen ihn andere Menschen, und ihn plagen Sorgen. Er träumt von Einsamkeit und Dunkelheit. Von Schmerzen und von Angst. Diese Träume fühlen sich so real an, als wären sie die Wahrheit. Dann kommt der Morgen, und der Mensch erwacht aus diesen Alpträumen. Er erwacht hinein in einen strahlenden Sommertag. Er blinzelt noch ein wenig, schüttelt die Alpträume ab, und schon beim Morgenkaffee lacht er die dunklen Bilder im Kopf weg. Der Tag hat begonnen, die Wahrheit ist hell, das Leben ist schön, die Träume waren dumme, vorübergehende Hirngespinste.

So erwachen wir ständig zu Gott hin. Wir erwachen jedes Mal, wenn wir uns ihm bewusst zuwenden, die Augen öffnen für seine Gegenwart, für seine Realität. Was uns plagt und quält, erscheint uns vorher als die gültige, letzte Wahrheit – bis das Licht unsere Augenlider kitzelt, bis wir blinzeln und mehr und mehr von der größeren Realität und Wahrheit erfassen und merken: Das Andere war nur vorübergehend und muss sich zurückziehen. Im Glauben zu Gott kommen heißt, in sein Licht hinein zu blinzeln beginnen. Es heißt, die Schwere der Nachtbilder abzustreifen und sich dem hellen Tag hinzugeben, sich frech in die Freude hineinlachen und unverschämt das Leben in seiner Gegenwart zu genießen.

„Wach auf, du Schläfer, steh von den Toten auf, dann wird Christus dir aufleuchten." (Epheserbrief 5,14)

15 Der Vaterkönig

Ein König sitzt mit seinem Staatsrat zusammen. Wichtige Entscheidungen sind zu treffen, und die Meinungen der Berater gehen in heftigen Diskussionen hin und her. Da kommt plötzlich ein Diener herein und flüstert dem König zu: „Majestät, Eure Kinder sind da und wollen jetzt mit Euch spielen." Der König lächelt, klatscht in die Hände und schickt alle Berater und Minister hinaus. Dann geht eine andere Tür auf, und ein lärmender Kinderhaufen tobt herein – die kleinen Prinzen und Prinzessinnen. Der König hat viele Stunden für seine Kinder Zeit, und die verbringt er mit ihnen natürlich in den Privatgemächern der Familie.

Ja, Gott ist König, aber während er König ist, ist sein Herz zugleich das Herz eines Vaters. Rein rechtlich gesehen sind seine Kinder natürlich Bürger und Untertanen und er ist auch für sie der König, klar, aber in seinem Herzen haben sie einen ganz anderen Platz. Er sieht sie von der Vaterseite her, als seine Kinder. Sie haben bei ihm Vorrang, und sie genießen unverschämt Vorrechte und Privilegien, die kein Minister hat. Sie dürfen, was sonst niemand darf. Sie haben freien Zugang zu seinen ganz privaten Räumen, zu ihm selbst, weil sie als seine Familie dort hingehören. Für seine Kinder ist das selbstverständlich, sie ahnen gar nicht, wie unvorstellbar schön ihr ungezwungenes Leben mit ihm daheim in den Augen aller anderen ist, die draußen im Thronsaal warten müssen.

Für seine Familie ist Gott im Tiefsten zuerst Vater, und daneben auch ihr König. Und er ist für sie in beiden „Rollen" zugänglich, offen, herzlich. Seine Arme sind offen für jeden, der Teil seiner Familie sein will.

„Ihr gehört (...) zu Gottes Familie."
(Epheserbrief 2,19)

16 Die Wunschkinder

Zwei Ehepaare sind befreundet, leben aber in ganz unterschiedlichen Familiensituationen: Das erste Paar wünscht sich unbedingt Kinder, aber es kommt einfach nicht dazu. Es nützen alle Versuche und Methoden nichts, sie können es nicht erzwingen. Das zweite Paar will keine Kinder haben, aber durch Sorglosigkeit kommt es eben doch dazu. So leben sie ein Familienleben, um das sie das erste Paar beneiden würde – sie selbst aber nehmen es mehr hin als es wirklich zu genießen. Sie geben ihr Bestes, aber ihre Kinder sind von ihnen mehr hingenommen als tatsächlich herbeigesehnt und glücklich empfangen.

Gott dagegen erträgt uns nicht bloß, sondern er liebt uns. Er genießt uns als seine Kinder, er genießt seine Familie. Denn diese Familie Gottes besteht ausschließlich aus herbeigesehnten und bewusst gezeugten Wunschkindern. Kein Mensch wird bloß durch die Umstände oder auf eigenes Betreiben zu einem Kind Gottes, quasi ohne Gottes Zutun: Zum Beispiel, weil nun einmal die eigenen Eltern sehr gläubig waren und sich dies ohne Gottes Mitwirkung auf diesen Menschen übertragen hat wie eine Erbkrankheit oder ein Charaktermerkmal.

Schon unser bloßes Existieren, unser einfaches Da-Sein ist gezielter Schöpfungswille Gottes; und unsere Berufung in die Vertrauens- und Liebesbeziehung zu ihm war seine Idee, nicht unsere. Wir schummeln uns nicht unbemerkt oder gegen Gottes Willen an seine große Familientafel und in seine Privaträume. Sondern wir sind von ihm gezielt dafür geschaffen und berufen, dort zu leben und mitzufeiern. Als heiß geliebte und begehrte Wunschkinder, die er buchstäblich um jeden Preis bei sich haben will.

„Niemand kann zu mir (Jesus) kommen, wenn der Vater, der mich gesandt hat, ihn nicht zu mir zieht."
(Johannes-Evangelium 6,44)

17 Die Elternliebe

Normalerweise sind Eltern von ihrem neugeborenen Kind fasziniert. Sie lieben es nicht wegen einer bestimmten Eigenschaft, nicht wegen eines bestimmten Merkmals – etwa wegen der Augenfarbe oder wie es gluckst und wimmert oder weil es genau 54 Zentimeter lang ist. Sondern sie lieben ihr Kind als Ganzes, weil es einfach und unwiderruflich ist, was es ist – ihr Kind. Sie lieben es, weil es da ist. Sie lieben ihr Kind, weil zwischen ihnen und dem Kind eine ganz spezielle Beziehung und Beziehungsqualität besteht, die vorläufig nur einseitig sein kann: Denn das Neugeborene kann nichts bewusst zurückgeben; alles, was es den Eltern an Freude geben kann, gibt es einfach durch sein Da-Sein, durch seine bloße Existenz.

Die Liebe zwischen Menscheneltern und ihren Kindern ist im besten Fall ein Bild für die Liebe zwischen Gott und seinen Menschen. Er liebt uns nicht wegen eines bestimmten Details an uns, auch nicht eines geistlichen Details, etwa wegen unseres Glaubens oder wegen intensiver Gebete oder wegen großzügiger Spenden oder weil ein Mensch besonders schön Kirchenlieder singen kann. Er liebt uns nicht wegen etwas, was wir zurückgeben könnten, sondern einfach wegen unseres Da-Seins, er liebt uns als Schöpfungstatsachen, die seiner Weisheit und seiner Kraft und Schöpferlust entsprungen sind. Wenn Menschen ihm dann seine Liebe erwidern, so wie sie es eben können, ist seine Freude vollkommen – so wie bei Menscheneltern, wenn ihre Kinder beginnen, ihnen ihre kindliche Liebe zu zeigen.

Jeder Mensch ist ein lebendiger Ausdruck von Gottes Möglichkeiten, von Gottes Realität. Weil es auf der Welt Kinder gibt, muss es auch so etwas wie Eltern geben; weil es uns Menschen gibt, muss es einfach auch Gott geben.

„Seht doch, wie sehr uns der Vater geliebt hat! Seine Liebe ist so groß, dass er uns seine Kinder nennt – und wir sind es wirklich!" (1. Johannesbrief 3,1)

18 Die Mutter

Ein Baby liegt in den Armen seiner Mutter. Sie sehen sich an – die Mutter mit den Gefühlen und dem Wissen einer Mutter, das Baby ohne Reflexion und Gedanken, einfach versunken in das Miteinander-Dasein und Einander-Ansehen. Es ist ein Glück ohne Fragen, denn es stellen sich keine Fragen: Das Baby überlegt nicht, ob es mit einer anderen Mutter vielleicht besser dran wäre – es kennt keine andere, es will keine andere, es braucht keine andere. Es kennt und will nur diese Mutter, die da ist und es im Arm hält. Und die Mutter fragt sich nicht, ob sie mit ihrem Baby zufrieden ist oder lieber ein anderes hätte – das Kind ist da, es ist ihres, es lebt und schaut sie an. Die Mutter weiß: Mein Baby sucht keine andere Mutter, es kann gar nicht auf diese absurde Idee kommen. Das Baby spürt: Hier ist gut leben, hier gehöre ich hin; und es macht sich keine Sorgen um die nächste Mahlzeit oder ob es die Mutter auch wirklich gut mit ihm meint oder sich ein anderes Baby wünscht.

Nicht viel anders wünscht sich Gott die Beziehung zu seinen Kindern: Wie die Mutter weiß er unendlich mehr als das kleine Kind, und er nutzt dieses Wissen für das gemeinsame Beste. Er hält sein Kind im Arm, sie sehen sich an und sind miteinander und in diesem Miteinander glücklich. Der jeweilige Wunsch nach einem anderen Gott oder nach einem anderen Menschenkind kommt in diesem Setting gar nicht auf, dieser Wunsch wäre völlig abwegig. Sie wollen einander, sie haben einander, sie lieben einander – und das völlig entspannt, ohne Anstrengung, Hintergedanken oder Berechnung. Zwischen beiden Partnern besteht ein Riesen-Unterschied, natürlich; aber er wird in diesem Zusammensein aufgehoben, er ist kein Thema, er existiert für sie nicht mehr als relevante Tatsache. Es gibt nur mehr das Miteinander und die Freude am Gegenüber, die von selber da ist und fließt und sich immer weiter verstärkt.

„Mein Auge ruht auf dir.“
(Psalm 32,8)

19 Die Geschenke

So sind Kinder unterm Weihnachtsbaum: Sie packen aufgeregt ihre Geschenke aus, staunen über die Erfüllung ihrer Wünsche und über unerwartete Überraschungen. Sie wollen am liebsten gleich mit allem loslegen und die Dinge zusammenbauen, ausprobieren, erleben. Sie überlegen nicht, ob sie die Geschenke verdienen; sie sorgen sich nicht, ob sie das Jahr über alles richtig gemacht haben; sie plagen keine Zweifel, ob ihnen die Geschenke nicht vielleicht nach ein paar Minuten wieder weggenommen werden oder sie irgendeine Strafe befürchten müssen, wenn sie diese bedenkenlos genießen. So glücklich sollten Christen leben: Wie Kinder unterm Weihnachtsbaum. Gott gibt uns täglich so viel, und wir sollen seine Geschenke bedenkenlos annehmen, auspacken und genießen. Ohne Zögern, ohne Rückfragen; ohne irgendwelche Befürchtungen, Hintergedanken, Zweifel, Unsicherheiten. Wir leben aus dem Beschenkt-Sein (das gilt in Wahrheit für alle Menschen), und Geschenke sind immer unverdient, unrechtmäßig, sind aus dem Zwang von Ursache und Wirkung herausgenommen. Alle Freude, Hoffnung, Sicherheit, Friede, Stärke und alles andere, was Gott uns täglich schenkt, hat keine Ursache in uns, sondern in seiner Freigebigkeit und Gunst. Darum müssen wir uns auch nicht fürchten, etwas davon wieder zurückgeben zu müssen oder verlieren zu können. Gott schenkt nachhaltig, und was er gibt, das bleibt dem Beschenkten auf Dauer.

„Jahwe sorgt täglich für die, die recht tun, und was er ihnen gibt, gehört ihnen für immer." (Psalm 37,18)

20 Die Traumreise

Ein junges Paar fährt auf Flitterwochen, und dazu sitzen sie nun in der S-Bahn am Weg zum Flughafen. Sie haben einander, sie lieben sich, und sie haben eine wunderbare Zeit in einer traumhaft schönen Umgebung vor sich, im Luxushotel mit allen Annehmlichkeiten, die man sich nur denken kann. Die wenigen Minuten in der S-Bahn zum Flughafen sind nur die Anreise zur eigentlichen Reise. Wenn die Heizung in der S-Bahn ausfällt und sie kurz frieren müssen? Sie bemerken es in ihrer Liebe und Vorfreude gar nicht, und an ihrem tropischen Zielort ist es ohnehin dann warm. Sie haben Hunger, aber können jetzt gerade nichts zu essen kaufen? Egal, denn sie haben All Inclusive gebucht und werden die kommende Zeit gar nicht alles essen können, was man ihnen anbieten wird. Ein anderer Fahrgast in der S-Bahn ist unangenehm, lärmt herum, benimmt sich daneben? Egal, weil bald ist die Fahrt vorbei und dann haben sie ihre Sitze in der First Class im Flugzeug ganz für sich. Das Paar bemerkt all das Negative gar nicht; stattdessen schauen sie immer wieder staunend ihre Flugtickets an, sie können gar nicht fassen, dass sie bald dorthin abheben werden.

Wenn wir unser Leben als Christen so verstehen, wie die Bibel es beschreibt, dann sind wir auf der Anreise zu einer traumhaften Zeit (ohne Ende) an einem traumhaften Ort. Die Anreise dorthin ist eine ver-gleichsweise kurze Zeitspanne, egal wie unangenehm oder mühsam sie während der Fahrt auch scheinen mag. Die Vorfreude auf das, was kommt, ist viel stärker und mächtiger als alle Ablenkungen oder Unsicherheiten.

Hin und wieder schauen wir auf unsere „Tickets", also Gottes Versprechen, und sind wieder sicher: Es ist wirklich wahr, wir werden dort landen, es ist alles fix gebucht und vorbereitet. Die Zimmer sind reserviert, das Buffet wird schon aufgebaut, wir werden als First Class-Gäste empfangen werden.

„Ich bin aber davon überzeugt, dass unsere jetzigen Leiden bedeutungslos sind im Vergleich zu der Herrlichkeit, die Gott uns später schenken wird."
(Römerbrief 8,18)

21 Die Bedenkenlosigkeit

Ein Paar hat für seine Hochzeitsreise in einem Hotel ein einfaches Standard-Zimmer gebucht. Bei der Ankunft werden sie freundlich begrüßt und dann in eine atemberaubende Luxussuite geführt, ohne dass das Hotelpersonal irgendetwas dazu sagt. Das Paar staunt über dieses unverhoffte Upgrade und beginnt, alles in dieser Suite zu genießen.

Am nächsten Tag aber melden sich andere Gedanken: „Kommt das dicke Ende dann beim Auschecken am Ende des Urlaubs? Was, wenn das Ganze ein Irrtum ist, und man uns die enormen Mehrkosten verrechnet? Wenn man uns vorwirft, den offensichtlichen Irrtum nicht aufgeklärt zu haben?" Sie denken immer mehr über diese mögliche Enttäuschung nach und können den Luxus, der ihnen zugefallen ist, immer weniger genießen. Sie streiten darüber, ob sie das Ganze nicht sicherheitshalber an der Rezeption aufklären sollten. Bald kommt sogar Misstrauen auf: Ist das ganze vielleicht eine Falle, die ihnen gestellt wurde, um ihnen bei der Schlussabrechnung mehr Geld abzuzwingen? Das geschenkte Upgrade wird für sie zum Alptraum – weil sie es nicht gelassen und voll Vertrauen annehmen können. Weil sie nicht glauben können, dass man es völlig unverdient so gut mit ihnen meint.

Wer den lebendigen Gott und sein freundliches Herz kennt, kann seine Geschenke (so unverdient und absurd freundlich sie auch oft sind) annehmen. Gott segnet gerne, er schüttet bedenkenlos Gunst über Menschen aus, und wir können seine Upgrades ebenso bedenkenlos (und dankbar!) genießen: ohne Vorsicht, ohne Zweifel, ohne Bedenken.

„Ihr seid durch so vieles überaus reich beschenkt."
(2. Korintherbrief 8,7)

22 Die Gewissheit

Wenn wir Gott um etwas bitten, haben wir vielleicht manchmal den Impuls zu ihm zu sagen: „Aber wenn du es anders willst, ist es auch gut" oder „Ich will zwar dies oder jenes, aber wenn du es nicht gibst, hast du damit sicher auch etwas Gutes vor." Das klingt fromm, ist aber nicht die Kühnheit, die Gott gerne von seinen Kindern sehen will, die ihn immer besser kennenlernen. In

Wahrheit ist das so, wie einen Hund zu bitten „Komm her oder auch nicht" – weil dann kann man in jedem Fall sagen, dass der Hund gehorcht hat. Man ist damit „abgesichert" gegen die Willkür des Hundes und die Enttäuschung, wenn nicht geschieht, was man eigentlich möchte.

Klar: Wir sollten Gott nur um solche Dinge und Ereignisse bitten, von denen wir ahnen können, dass sie zu Gottes Charakter und zu seinen Versprechen passen. Aber nach dieser Prüfung bitten wir besser ausschließlich und im Vertrauen gezielt darum. Alternativen, die wir Gott „zugestehen", sind in Wahrheit fromm verpackte Zweifel.

Gott braucht keine Zugeständnisse, keine Hintertür, keinen „Plan B", den wir ihm als Alterative zu unserem gut geprüften Wunsch eröffnen. Solche Alternativen lenken ab von dem, was wir uns gut begründet wünschen. Wir wollen uns damit oft schon im Voraus gegen Enttäuschungen absichern, falls Gott den Wunsch nicht gewährt, und vergessen sein Versprechen: „Bittet, und es wird euch gegeben." Letztlich spricht daraus ein Misstrauen, eine Unsicherheit über Gottes Freundlichkeit. Solches Misstrauen und Unsicherheit über sein Herz kommen aus fehlender Nähe zu ihm. Aber je besser wir sein Herz kennen, desto mehr werden wir mit unseren Wünschen auf seinem Kurs segeln. Und je mehr wir auf seinem Kurs segeln, desto eindeutiger, mutiger und alternativloser werden wir bitten, auch wenn wir auf die Erhörung warten müssen.

Damit „zwingen" wir Gott nicht zur Erfüllung unserer Wünsche, sondern wir zwingen uns selbst zum alternativlosen Vertrauen. Wir wünschen und bitten, aber dabei sind wir immer fröhliche, erfolgsverwöhnte Kinder in Gottes Schlafzimmer, und nicht verzweifelte, unsichere Bettler an der Haustür draußen.

„Wer bittet, soll im Glauben bitten und nicht zweifeln.“
(Jakobusbrief 1,6)

23 Die Trockenschwimmer

Am Rand eines Schwimmbeckens sitzen viele Menschen. Sie wollen schwimmen lernen, aber sie haben Angst, dass das Wasser sie nicht tragen wird – denn sie können ja nicht schwimmen. Darum machen sie seit Jahren am Trockenen ernsthaft und geduldig ihre Übungen, auch wenn das sehr komisch aussieht.

Sie rufen dem Schwimmlehrer zu, ihnen doch zu helfen, und ärgern sich, dass er nicht mehr zu ihnen kommt, obwohl sie es wirklich ernst meinen mit ihren Bitten und auch fest daran glauben, dass der Schwimmlehrer ihnen helfen kann und ihnen auch helfen will. Aber irgendwie scheint er taub zu sein, es nützt nichts: Er schweigt, seit er ihnen gesagt hat, dass sie ins Wasser müssen, wenn sie schwimmen wollen. Sie schauen neidisch auf die anderen Schwimmer, die im Wasser drinnen elegant und sportlich vorüberziehen. Die sind schon so weit, und scheinen so glücklich und erfolgreich! Die haben so viel Spaß miteinander und mit dem Schwimmlehrer, der ihnen gerne noch Tipps für die weitere Perfektionierung ihres Schwimmstils gibt. Die

Trockenschwimmer haben manchmal leise Zweifel, ob denn das wirklich sinnvoll ist, was sie da tun – aber sie wissen: Beim Schwimmen und Üben wird Ausdauer und Geduld belohnt, also machen sie mit ihren sinnlos-komischen Übungen neben dem Becken ausdauernd und geduldig weiter.

Für viele Menschen besteht Glaube und Gebet und Gottesbeziehung aus einem geduldigen Ausdauern ohne Ergebnisse, ohne spürbare Veränderungen. Sie rufen viel zu Gott hin (sie nennen es beten) und beschäftigen sich ausgiebig mit den theoretischen Grundlagen des Glaubens (sie nennen es Bibellesen) und erwarten, dass dieses Investment doch irgendwann auch zu Erfolgen, Gotteserlebnissen und erhörten Gebeten führen muss. Zumindest in den Himmel wird man so ja wohl hof-fentlich am Ende kommen. Nur auf eine Idee kommen sie gar nicht: Mit Geist und Seele, Gefühlen und Körper einzutauchen in diesen Gott und sein Reich. Sie fürchten vielleicht auch das Risiko, sich ganz in Gott hinein-zubegeben, sich ganz von ihm durchtränken und durch-dringen zu lassen. Ihr ganzes religiöses Leben ist sehr ernsthaft, ausdauernd, geduldig, aber immer mehr kommt die Frage auf: Wieso spüre ich nichts? Wieso antwortet Gott nicht, obwohl ich so ernsthaft zu ihm rufe? Wieso bleibt mein Leben in Wahrheit weitgehend unverändert? Ganz einfach: Weil du am Trockenen schwimmen willst – ohne Gefahr und ohne Resultat.

Menschen, die eng und in großer Freude mit Gott leben, die in ihn eingetaucht sind: Menschen, für die erhörte Gebete selbstverständlich sind, die sich einen Tag, ohne mit ihm zu sein, nicht vorstellen können und wollen – das sind Menschen, die ins Becken von Gottes

Liebes-Existenz gesprungen sind und sich dort bewegen, dort schwimmen, so, wie es eben logisch und zielführend und befriedigend ist. Sie erhalten Anweisung und Anfeuerung von ihm. Wenn man glücklich schwimmen will, sind Geduld und Ausdauer am Trockenen wertlos, kontraproduktiv – denn dort halten sie vom wahren Erlebnis ab.

Das Geheimnis hinter glücklichen Christen ist, dass sie glücklich eingetaucht sind in Gottes beglückendes Wesen; das Geheimnis hinter erhörten Gebeten ist immer ein Beter, der ganz in Gottes Realität eingetaucht lebt statt vom Rand her irgendetwas von ihm zu wollen.

„Das Gebet eines gerechten Menschen hat große Macht und kann viel bewirken." (Jakobusbrief 5,16)

24 Die Buchstaben

Für Menschen, die nie lesen gelernt haben, sind Buchstaben bloß Striche, Bögen, Punkte; nur Muster, Ornamente, Schnörksel am Papier oder am Bildschirm. Sie ahnen nicht, dass diese Zeichen Inhalt, Sinn, Wissen und Gefühle transportieren – woher sollen sie es auch ahnen? Sie nehmen nur wahr, was ihre Augen eben wahrnehmen können, aber ihnen fehlt das Wissen, die Information über den eigentlichen, tieferen Zweck dieser Zeichen. Hinter Buchstaben steckt viel mehr, als man bloß sehen kann; aber das weiß nur, wer in einem längeren Prozess das Lesen lernen will.

Vielleicht müssen wir manchmal auch das Leben und die ganze Welt neu lesen lernen: Wir nehmen wahr, was man eben sehen kann, aber der Sinn, den Wert, die Schönheit, den all dies transportiert, die Wahrheit dahinter, die größere Geschichte in ihrem Zusammenhang – das erkennt nur, wer gelernt hat, diese Welt zu lesen. Die Berührung durch einen geliebten Menschen bedeutet mehr als nur physischen Hautkontakt; Musik ist mehr als schwingende Luftteilchen; der Genuss der Lieblingsspeise ist mehr als ein Verdauungsvorgang. Der physische Vorgang vergeht, aber der innere Wert bleibt: Wenn die Musik in den Ohren verklungen ist, bleibt der Nachklang im Herzen. Wenn die Berührung vorbei ist, bleibt die Verbundenheit der Liebenden. Wenn die Speise geschluckt ist, bleibt der Eindruck von Genuss. Wer seine Realität auf die bloßen „Tatsachen im hier und jetzt" reduziert, ist nicht vernünftig, sondern einfach total unrealistisch. Wir brauchen offene Augen für die größere Realität.

„Bitte, Jahwe, öffne ihm die Augen!"
(2. Könige 6,17)

25 Die Festigkeit

Wir denken manchmal, unser Geist und unser Körper seien ziemlich fest, dagegen Gottes Geist schleicht sich irgendwie ganz luftig-duftig wie ein Hauch oder Nebel hinein. In Wahrheit ist es umgekehrt: Unsere Körper und alle sichtbare Materie besteht aus Atomen, und die bestehen im Wesentlichen aus enormen Distanzen zwischen kleinsten Atomteilchen. Unsere Körper und alle Gegenstände sind also vorübergehend gut organisierte Leere, bis sie früher oder später wieder zerfallen. Ebenso ist auch unser menschlicher Geist im Grunde leer, instabil, brüchig, in sich widersprüchlich, leicht zu erschüttern, zu täuschen, zu verwirren. Wie der Körper hat unser Geist enorme Hohlräume und Felder von Leere zwischen verstreuten Gedanken – und auch das nur, solange er gesund und intakt ist. Wir sind in jeder Hinsicht ein Hauch, ein Nichts, leere Gefäße.

Gott und sein Geist dagegen sind stabil, massiv, dicht, homogen, fest – kein Wunder, dass die Bibel von ihm als Burg, Festung oder Felsen spricht. Sein Wille und Wesen sind zielgerichtet, durch nichts zu erschüttern oder zu verwirren. Seine Absichten sind fix, sein Handeln ist ewig gültig. Seine Existenz ist Grundlage aller anderen Existenzen, seine Realität ist realer als alle menschlichen Überlegungen und Erkenntnisse. Mit dieser Massivität fährt Gott in unser hingehauchtes Leben hinein, mit dem Gewicht und der Kompaktheit seiner Liebe hinein in unsere Leere und Luftigkeit; umsichtig, taktvoll, zart.

„Du (Gott) wischst die Menschen fort wie einen Traum, der am Morgen verschwindet." (Psalm 90,5)

26 Der Teebeutel

Ein Teebeutel enthält alles für eine Tasse Tee. Aber erst wenn er ins heiße Wasser eingetaucht wird, kommt alles so heraus, wie es sinnvoll und gut ist: Farbe. Aroma. Geschmack. Alleine, ohne Wasser ist der Beutel trocken und sinnlos. Vielleicht leben wir manchmal unser Leben wie Teebeutel ohne Wasser: Wir versuchen alleine sinnvoll, genießbar und attraktiv zu sein – weil wir das heiße Wasser fürchten. Weil wir nicht in diese Realität Gottes eingetaucht werden wollen und Angst haben, verändert zu werden, etwas abgeben zu müssen, umdenken zu müssen.

Aber ohne Gott sind wir wie solche Teebeutel ohne Wasser – ja, schon wertvoll und voller Potenzial. Aber auch unvollständig und ziemlich ungenießbar und letztlich sinnlos, eben wie Teebeutel ohne Wasser. Wenn unsere eigene Existenz eingetaucht wird in die gewaltige Existenz Gottes, verändert uns das, und etwas Neues entsteht. Es ist ein Genuss, sich bewusst in diese Existenz Gottes hineinzubegeben und sie zu genießen. Je mehr und je länger das Wasser den Beutel durchdringt, desto mehr bringt er hervor – was beim Tee nicht immer gewünscht ist, aber im echten Leben wunderbar ist. Wer Gott sucht, taucht sich bewusst in seine Existenz hinein und wird dadurch voller Genuss verändert – und ein Segen für andere.

„Bleibt in mir und ich in euch."
(Johannes-Evangelium 15,4)

27 Die Pause

Wir müssen umdenken: Jede unerwartete Unterbrechung unseres normalen Tages- und Lebensablaufs ist kein Ärgernis, sondern ein Geschenk von Gott. Mitten in unseren berechtigten Planungen reißt er plötzlich einen Spalt göttlicher Souveränität in unsere Zeit. Wenn die Straßenbahn 5 Minuten Verspätung hat, schenkt Gott uns diese 5 Minuten Lebenszeit, um unsere Gedanken auf ihn zu richten, durchzuatmen, an das wirklich Wesentliche zu denken. Er lädt uns damit ein in eine kleine Oase des Friedens und der Gottesnähe mitten im hektischen Alltag. Wir brauchen uns nicht dafür zu rechtfertigen oder uns zu ärgern – wir brauchen nur dankbar diese geschenkte Zeit annehmen und mit ihm zu genießen. Wenn man es so sehen will, ist die Wartezeit an der Supermarktkassa ein Privileg und Geschenk, ebenso wie eine Verzögerung auf der Autobahn oder das Warten auf jemanden, der zu spät zu einer Verabredung kommt. Und das gilt auch für längere Pausen: Eine Krankheit, die ans Bett fesselt; ein Unfall, der den eigenen Radius begrenzt; ein Rückschlag in der Karriere; eine Zeit der Langeweile und des Stillstandes im Leben: All das sind keine „dummen Zufälle" oder eigengesetzliche Entwicklungen, sondern sind Teil von Gottes Handeln an denen, die ihn lieben – wie gesagt: Wenn man es so sehen will.

Ja, „wenn man es so sehen will": Denn das innere Sehen ist der Schlüssel zum Genuss dieser göttlichen Oasen und zu jedem Glück. Worauf schaue ich? Auf meine Ungeduld? Auf meine Planungen, die ich nun vielleicht umstellen muss? Auf alles, was dadurch durcheinanderkommen könnte? Oder schaue ich auf Gott, der versprochen hat, dass mir alle Dinge zum Besten dienen müssen – auch sein ungeniertes Eingreifen in meine Pläne und meine Zeit?

„Meine Zeit steht in deinen Händen."
(Psalm 31,16)

28 Der Arzt

Ein Mann entdeckt eines Morgens an seinem Bauch einen hässlichen, unangenehmen Ausschlag. Zuerst versucht er, diesen alleine mit Salben wieder wegzubekommen. Aber dann sieht er ein, dass das nicht hilft, und er geht zu seinem Hautarzt, wo sonst bei den Routinekontrollen immer alles in Ordnung war.

Der Besuch ist dem Patienten sehr unangenehm, denn er selbst hat noch nie so einen Ausschlag gesehen und würde dem Arzt den abstoßenden Anblick gerne ersparen. Vielleicht handelt es sich ja um eine besonders ausgefallene Krankheit, die der Arzt noch nie gesehen hat: Vielleicht erschreckt sie ihn? Oder sie überfordert ihn sogar? Also redet der Patient dann im Sprechzimmer herum und will vor lauter Scham nicht so wirklich alles herzeigen. Dem Arzt wird es aber irgendwann mit dem schüchternen Patienten zu dumm: „Ich kenne Ihren Körper doch schon von vielen Untersuchungen. Was wollen Sie also verstecken? Oder glauben Sie wirklich, dass ausgerechnet Sie die übelste Krankheit aller Zeiten haben? Ich habe in den letzten Jahrzehnten diese Krankheit – und noch viel schlimmere – schon unzählige Male gesehen, also lassen Sie mich endlich mal genau nachsehen!"

Wir denken manchmal, vor Gott noch etwas an uns verbergen zu können oder zu müssen, obwohl wir zugleich ahnen, dass nur er die Lösung haben kann. Dabei hat er doch an uns schon alles gesehen. Und er hat die gleichen und schlimmere seelische und geistliche Entstellungen, die wir an uns tragen, schon millionenfach an Millionen anderen Menschen gesehen und ohne Schaden „überstanden". Glauben wir ernsthaft, ihn noch mit irgendeinem Fehler, einem Versagen, einer Sünde überraschen, erschrecken oder überfordern zu können, sodass er danach anders über uns denkt als vorher? Denken wir, es gibt tatsächlich einen Zustand, in dem man nicht zu Gott kommen könnte?

Jeder Mensch kann in jedem Zustand zu Gott kommen, um ihn an sich wirken zu lassen. Selbst herumprobieren mit Lösungen scheint zwar manchmal uns und vielleicht auch Gott zu „schonen" – aber es schadet uns in Wahrheit enorm. Weil Jesus sich selbst in der Bibel mit einem Arzt vergleicht und alles weiß, können wir alles, was uns belastet und entstellt, gelassen und voller Vertrauen zu ihm bringen. Er weiß es ohnehin schon aus der Erfahrung mit uns und Millionen anderer Menschen. Aber er heilt uns am liebsten mit unserer Zustimmung.

„Du weißt alles über mich."
(Psalm 139,1)

29 Die Dankbarkeit

Bei einem Menschen wird ein schwerer Herzfehler festgestellt. Der Tod ist nahe, wenn nicht eine komplizierte und risikoreiche Operation durchgeführt wird. Ein Scheitern der Operation ist möglich, sogar wahrscheinlicher als das Gelingen. Trotzdem stimmt der Patient der Operation zu. Der Patient kann sich nur gut vorbereiten, aber dann kommt es ganz auf den Arzt an: Seine Ausbildung, seine Erfahrung, sein Können und sein Einsatz entscheiden darüber, ob die Operation gelingt oder nicht. Der Patient in Narkose kann überhaupt nichts beitragen.

Die Operation gelingt. Es wäre nun absurd, wenn der Chirurg sich beim Patienten dafür bedanken sollte, dass er ihn stundenlang operieren durfte. Oder dafür, dass der Patient ihm vertraut hat und sich nicht gegen die Operation gewehrt hat. Im Gegenteil: Der Patient wird hoffentlich dem Chirurgen dafür dankbar sein, dass er die schwierige Operation überhaupt gewagt hat, dass er sich stundenlang konzentriert hat und ihm so die Tür zum Weiterleben geöffnet hat. Er wird glücklich sein, dass es diesen Spezialisten überhaupt gibt, und dass er so ist und handelt, wie er es erlebt hat.

Wir denken vielleicht manchmal, dass Gott eigentlich auch ein bisschen dankbar dafür sein müsste, wenn wir an ihn glauben und ihm vertrauen. Dabei hat er uns das Leben gegeben und das Leben gerettet, und wir müssen ihm dafür dankbar sein. Nicht wir haben uns dafür entschieden, an ihn zu glauben; sondern er hat sich dafür entschieden, dass es jeden von uns überhaupt geben soll und dass wir in den Lebensgenuss mit ihm hineinberufen sind. Jesus hat dafür gelitten und sein Leben gegeben, dass wir mit ihm in Fülle leben können.

„Nicht ihr habt mich erwählt, sondern ich habe euch erwählt." *(Johannes-Evangelium 15,16)*

30 Das Ende der Vorstellung

Im Theater ist alles Blendung: Licht und Kulissen, Requisiten und Kostüme, Schminke und Perücken, Dialoge und gespielte Gefühle, Musik und ständige Bewegung und Veränderung. All das lenkt für die Dauer der Vorstellung ab von der Wirklichkeit, in der jeder einzelne Besucher vor und nach der Vorstellung lebt. Auch unser Leben ist voll von solchen Kulissen, Requisiten, Kostümen und Masken: Alles, womit wir unser Leben anzureichern versuchen, alle Erinnerungen und Gedanken, alle Überzeugungen und Erlebnisse. Die verschiedenen Rollen, die wir spielen. Die Meinungen und Argumente, die Weltanschauungen und religiösen Empfindungen. Alle Gegenstände, die wir nutzen und manchmal lieben; alle Bücher und Musik und Filme; alle Menschen und Tiere, mit denen wir uns umgeben – freiwillig oder gezwungenermaßen.

Aber am Ende unserer Lebensvorstellung – wie auch immer sie verlaufen ist, obs tragisch oder ein Lustspiel war – steht jeder von uns auf leerer Bühne vor Gott, dem Autor und Regisseur dieser Vorstellung. Ohne Maske und Kostüm, ohne Blendwerk und Kulisse, ohne

Lichtstimmung und Hintergrundmusik, ohne Publikum und ohne Textbuch. Dann geht es nicht um die Requisiten und die Stimmung während der Vorstellung, und auch nicht um eine perfekte Performance; sondern es geht darum, in welcher Beziehung jeder Mensch zum Regisseur gestanden hat. Manche wussten viel über ihn, manche fast nichts. Aber weil da ein Stück und ein Theater war, weil da Kulissen und Kostüme waren und weil man selbst da war – deshalb musste da auch ein Regisseur, Autor, Intendant gewesen sein. War er dir egal? Oder hast du ihn nach deinen Möglichkeiten gesucht? Gott schaut nicht auf die Leistung; aber für Ignoranz ihm gegenüber gibt es keine Ausrede.

„Wer an den Sohn Gottes glaubt, hat das Leben; wer aber an den Sohn Gottes nicht glaubt, hat auch das Leben nicht." (1. Johannesbrief 5,12)

31 Das schönste Wort

Das Beste, was ein Mensch sagen oder hören kann, ist „Ja". Diese Zustimmung, Bestätigung, Einwilligung schlägt jede andere Form der Aussage und Stellungnahme. Beim Heiraten ist in den meisten Kulturen in irgendeiner Form ein „Ja" der Brautleute oder der Eltern ein zentrales Element. Das Ja zum eigenen Leben, das Ja zum Weitergehen, das Ja zu den vielen Fragen und Kleinigkeiten unseres Lebens hält uns am Laufen und gesund. Wer aus eigenem Wesen heraus oder durch die

Umstände gezwungen ständig mit dem Mund oder innerlich „Nein" sagen muss, wer sich immer verweigern und abgrenzen muss, lebt in der Defensive und wird immer vorsichtiger – und wird daher immer öfter „Nein" sagen, wird sozusagen in einer Abwärtsspirale des „Nein" leben.

Wer zur eigenen Existenz und zu der seiner Mitmenschen aus ganzem Herzen „Ja" sagen kann, hat die besten Voraussetzungen für Frieden und innere Balance, egal wie die äußeren Lebensumstände helfen oder quälen. Und wer weiß, dass Gott laut und deutlich „Ja" zu ihm sagt, kann selber dieses „Ja" nach außen sagen. Manchmal laut und aus vollem Herzen, manchmal mit viel Aufwand für Vertrauen, manchmal vorsichtig und leise. Aber mit Gottes „Ja" im Ohr kann ein Mensch in eine Aufwärtsspirale des „Ja-Sagens" kommen und selber zu Menschen ein „Ja" sagen. Nicht immer zu ihrem Verhalten, aber immer zu ihrer Person und ihrem Da-Sein, das Gott selbst ausdrücklich bejaht.

„Mit Jesus sagt Gott ‚Ja' zu allen seinen Zusagen."
(2. Korintherbrief 1,20)

32 Die passende Gesellschaft

Wer die Stille liebt, wird sich nicht mit Krachmachern umgeben. Ein Großzügiger wird mit einer Runde Geizhälse nicht glücklich werden. Und wer gerne üppig speist, sucht nicht gern die Gemeinschaft von fastenden Mönchen.

Darum gilt auch: Jemand, der sich für seine Freunde gerne aufopfert und sein Leben hingibt, hält großen Abstand zu rücksichtslosen Egoisten. Jesus hat sich für seine Freunde genauso aufgeopfert und hingegeben. Wir Menschen dagegen sind von Natur aus im innersten Kern zwangsläufig rücksichtslose Egoisten (das kann man an kleinen Kindern gut beobachten, so liebenswert sie sonst auch sind – sie können von sich aus nur an sich selbst denken, bis sie es hoffentlich anders lernen). Manche Menschen haben einen vorteilhaften Charakter und an diesem gearbeitet, und sie können ihr ihrer Selbstlosigkeit sehr weit gehen, aber irgendwo gibt es für jeden eine Grenze der Hingabe.

Von Natur aus passen wir also so, wie wir sind, nicht in die Gemeinschaft und Gegenwart dieses Gottes, der als Person die beste Definition von „Liebe" ist. Diese Liebe in Person kann Egoisten um sich herum nicht ertragen, er müsste uns eigentlich auf größtmögliche Distanz halten. Aber weil Gott die Menschen nun einmal liebt und um sich haben will, will er sie im Rahmen ihrer Persönlichkeit neu erschaffen, von Grund auf verändert, und auf sein Niveau von Liebe und Selbstlosigkeit heben. Jeden Tag mehr.

Manchmal stockt dieser Vorgang der Charakterformung oder es gibt sogar Rückschläge, aber wie für jeden Veränderungsprozess gilt auch hier: Zwei Schritte vor und einer zurück heißt immer noch in Summe ein Schritt vorwärts.

„Ihr müsst von Neuem geboren werden.“
(Johannes-Evangelium 3,7)

33 Der Schlüssel und das Schloss

Ein Mensch will eine versperrte Tür öffnen. Er hat einen Schlüsselbund mit vielen verschiedenen Schlüsseln und beginnt, sie alle nacheinander am Schloss auszuprobieren. Anscheinend passt keiner dieser vielen Schlüssel, und der Mensch wird immer ärgerlicher und ungeduldiger. Da endlich, ein bestimmter Schlüssel gleitet wie von selbst in das Schloss hinein, und der Mensch spürt: Der ist es! Der passt genau! Er dreht sich wohlig im Schloss, und die Tür geht auf. Wenn Schlüssel und Schloss genau zueinander passen, dann stecken sie ineinander und gehören ganz zusammen. Das geht, weil der Schlüssel genau für dieses Schloss gemacht wurde.

Christen stecken mit Jesus zusammen wie Schlüssel und Schloss. Wir sind für Christus gemacht, erlöst, befreit worden. Wir passen jetzt genau zu ihm, weil wir für ihn gemacht sind, und sind „in ihm“, wie Jesus selber sagt. Umgekehrt passt jetzt auch er genau zu uns und ist „in uns“, wie Jesus ebenfalls selber sagt. Christ und Christus sind ineinander, sie stecken zusammen, sie gehören zusammen. Die Bestimmung des Schlüssels ist es, zu seinem Schloss zu passen, in ihm zu stecken und gemeinsam mit ihm eine sinnvolle Einheit zu bilden. Was schon für die toten Gegenstände Schlüssel und Schloss stimmt, ist umso richtiger für den Schöpfer und sein Geschöpf, für Gott und Mensch.

„Alles ist durch ihn und für ihn geschaffen."
(Kolosserbrief 1,16)

34 Die Brille

Wer kurz- oder weitsichtig ist, verwendet eine Brille (oder Kontaktlinsen). Die Brille ist immer vor den Augen, damit man alles durch sie hindurch sieht, damit alles scharf und deutlich ist. Was man also wie eine Brille ständig ganz nah vor den Augen hat, das bestimmt, was man sieht, wieviel man sieht und wie scharf man sieht.

Gott ist für seine Kinder wie eine Brille: Wir sehen uns selbst und die Welt durch ihn, durch seine Existenz und Realität und Liebe hindurch an. Und so wie eine Brille ist auch Gott mehr als nur ein Filter: Erst durch ihn hindurch sehen wir überhaupt scharf und klar, erkennen wir Gefahren und entdecken, was wirklich dauerhaft Freude macht, ohne uns zu schaden. Der Glaube an den lebendigen Gott ist keine „rosarote Brille", mit der wir uns die mühsamen Aspekte des Lebens irgendwie erträglich machen; Gott selbst ist die ultimative Sehhilfe, durch die wir überhaupt erst die Realität wirklich sehen können, wie sie ist.

Je öfter wir diese Brille tragen, je länger wir Gott wie eine Brille vor den Augen haben und alles „durch ihn" betrachten, desto schärfer und genauer sehen wir die Realität.

„Ich habe Jahwe allezeit vor Augen."
(Psalm 16,8)

35 Die Kontaktlinse

Das enge Miteinander von Auge und Kontaktlinse wird empfindlich gestört, wenn sich zwischen die beiden ein Fremdkörper, ein Störfaktor einschleicht: Irgendein Staubkorn, ein Brösel, eine kleine Stofffaser. Was vorher ganz harmonisch war, beginnt plötzlich zu kratzen, zu jucken, zu schmerzen. Bald kann man an nichts anderes mehr denken, nur mehr an diesen brennenden Schmerz im Auge, und man kann sich auf nichts Anderes mehr konzentrieren, nichts mehr genießen. Der Fremdkörper muss unbedingt sofort wieder aus dem Auge raus, ein Weiterleben in diesem Zustand ist unerträglich und unmöglich.

Auch das enge Miteinander von Mensch und Gott wird so schmerzhaft gestört: Wenn sich beim Menschen Sünde und Misstrauen einschleichen, ist dieses Miteinander für Gott unerträglich. Der Segensfluss einer intimen Beziehung mit Gott ist unterbrochen, die Begegnung macht beiden keine Freude mehr, weil Gott ganz ernsthaft darauf abzielt, diesen Fremdkörper wieder zu entfernen. Denn er will eine ungestörte Beziehung zu Menschen haben! Widersteht der Mensch dem freundlichen, aber bestimmten Drängen Gottes, diesen Störfaktor wahrzunehmen und abzugeben, dann wird das Miteinander für beide immer schwieriger, immer unbefriedigender, immer unerträglicher. Je früher der Fremdkörper abgegeben und die Linse abgewaschen wird, desto besser!

Wer Kontaktlinsen trägt, weiß: Man kann auf Dauer nicht mit einem Staubkorn unter der Kontaktlinse weiterleben und glücklich sein. Ebenso kann ein Christ nicht auf Dauer mit Sünde in sich weiterleben und glücklich werden – das störende Zeugs muss unbedingt so schnell wie möglich raus.

„(Darum) **wollen wir jede Last ablegen, die uns behindert, besonders die Sünde, in die wir uns so leicht verstricken.***"* *(Hebräerbrief 12,1)*

36 Die Gelassenheit

Ein Mensch setzt sich am Waldrand auf eine Bank und genießt den Sonnenschein. Alles ist ruhig und friedlich. Da hört er ganz leise ein Dröhnen, wie Schläge. Sie kommen näher. Ah, Musik, aber eine, die ihm gar nicht gefällt. Die Störung wird lauter und kommt immer näher. Der Mensch ärgert sich, weil die schöne Ruhe am Waldrand gestört wird. Je näher jetzt die laute Musik mit den hämmernden Bässen kommt, desto mehr ärgert er sich. Er kann den schönen Tag nicht mehr genießen. Dann sieht er schon, was da dröhnt: Ein Cabrio mit offenem Verdeck fährt auf der Straße herbei, von dort kommt das laute Gedröhne. Das wird doch nicht etwa hier stehen bleiben? Nein, es fährt natürlich weiter, und schon wird das Dröhnen wieder leiser, und es entfernt sich, bis der Mensch am Waldrand es nicht mehr hören kann. Eigentlich dumm, dass ich mich geärgert habe, denkt er. War ja klar, dass das Cabrio hier nicht stehen bleibt.

Viele Ärgernisse unseres Lebens sind vorübergehend wie ein Cabrio mit Subwoofer: Sie kommen näher, ärgern uns momentan sehr, aber sie sind buchstäblich nur vorübergehend, sie gehen vorüber, und dann entfernen sie sich wieder. Von vielen Dingen wissen wir sogar schon vorher, dass sie nur vorübergehend sind – und können trotzdem nur sehr schwer gelassen damit umgehen. Aber weil dieser Lebensabschnitt als Ganzes ein Ablaufdatum hat, ist im Grunde alles nur vorübergehend: Selbst dauerhafte Krankheit, Einschränkung, Not und Mangel. Mit dieser Wahrheit vor Augen können wir von Gott lernen, damit so umzugehen, wie man mit vorübergehenden Dingen und Ärgernissen richtig und entspannt umgeht.

„Durch den, der uns geliebt hat, sind wir in all diesen Dingen überlegene Sieger." (Römerbrief 8,37)

37 Der Surfer

Die mächtigsten Wellen, die Menschen erzeugen können, sind Schallwellen. Das, was wir sagen, kann Zuhörer wunderbar trösten oder tödlich verletzen. Unsere Schallwellen können ermutigen oder zerstören. Was wir aussprechen, kann langweilen oder inspirieren, es kann eine gute Richtung weisen oder in einen Abgrund führen.

Gott hat sich entschieden, nicht nur direkt zu Menschen zu sprechen, sondern auch über den Umweg unseres menschlichen Sprechens. Er „surft" auf unseren Schallwellen, wenn wir als seine Kinder zu Menschen sprechen: In einem Telefonat, in einem Gespräch zu zweit, mit anderen Menschen oder auch mal vor großen Menschenmengen, live oder online. In welche Richtung Gott darauf surft, was er den Menschen über den Umweg unseres Redens hinaus zu sagen hat, ist seine Sache.

Wir erzeugen im Wachsein fast ständig Schallwellen. Unsere Aufgabe ist es, solche zu produzieren, die für Gott zum Surfen geeignet sind – also liebevoll zu sprechen statt abwertend, und einladend statt abweisend. Gott surft auf konstruktiven Schallwellen, aber nicht auf verurteilenden. Gott nutzt auf vollkommene Weise unsere unvollkommenen Worte, wenn sie in guter Absicht gesprochen sind, aber er meidet menschliches Reden, das in schlechter Absicht gesagt wird.

„So klein unsere Zunge auch ist, so groß ist ihre Wirkung!" (Jakobusbrief 3,5)

38 Das Passfoto

Das Portraitfoto im Reisepass ist ein wesentliches Erkennungsmerkmal, um Personen eindeutig zu identifizieren. Das Foto zeigt, wer wirklich dahintersteckt. Einerseits ist es nur ein Foto; andererseits ist es eindeutig, einmalig und im besten Fall unverwechselbar. Ein Reisepass ohne Foto ist unsinnig, unbrauchbar, ungültig. Der Pass kann nur dann gültig sein, wenn das Foto wirklich jene Person zeigt, auf die der Pass lautet und ausgestellt ist.

Hätte Gott einen Reisepass, sein Passfoto würde Jesus zeigen. An Jesus ist Gott eindeutig identifizierbar, eindeutig zu erkennen. Das Passfoto eines Menschen zeigt wichtige Eigenschaften dieses Menschen: Aussehen des Gesichts, Haarfarbe, Augenfarbe, Form der Nase und des Mundes, Größe der Ohren und Vieles mehr. So zeigt Jesus uns ganz eindeutig wesentliche Herzens-Eigenschaften Gottes: Seine Liebe und Freundlichkeit, seine Ernsthaftigkeit mit uns, seine ewigen Absichten und Ziele, seine Fürsorge, Treue und Geduld, seine Schönheit und Vollkommenheit in allem Reden und Handeln.

„Jesus ist das Bild des unsichtbaren Gottes."
(Kolosserbrief 1,15)

39 Die Entscheidung

Der Entschluss eines Menschen, sich selbst als ein sinn-
loses Zufallsprodukt zu verstehen, ist eine willentliche
Entscheidung des Herzens, nicht des Verstandes. Nichts
und niemand zwingt unseren Verstand dazu, das zu
glauben. Wer das glaubt, der will das so glauben. Aber
wenn tatsächlich alle Menschen sinnlose Zufallsprodukte sind, dann gibt es keinen Grund dafür, sie anders zu
behandeln als das, was sie nach diesem Glauben letztlich
sind – eben sinnlose Zufallsprodukte. Menschen sind
dann genauso zufällig und sinnlos wie Bakterien, Fliegen
oder Schimmelpilze, die man bedenkenlos bekämpft
und beseitigt, wenn sie stören. Denn Menschen sind
dann zwar etwas kompliziertere Zufallsprodukte als
diese, aber letztlich ebenso sinnlos. Und sinnlose Menschen besser zu behandeln als sinnlose Bakterien, Fliegen oder Schimmelpilze ist dann ebenfalls aufs Ganze
gesehen sinnlos. Denn jede ethische Regel, jede Moral,
jeder denkbare Grund, Menschen anders zu behandeln,
stammt dann ja wieder nur aus dem Denken und Überlegen von Menschen, also von weiteren sinnlosen
Zufallsprodukten. Eine Ethik und Moral, die von sinnlosen Zufallsprodukten erdacht wurde, ist aber in sich
selbst letztlich ebenfalls sinnlos und auf keinen Fall für
die anderen sinnlosen Zufallsprodukte namens „Menschen" bindend.

Warum vollziehen Menschen freiwillig und frohen
Herzens diesen Tausch, indem sie auf die Würde, ein
gezieltes Geschöpf Gottes zu sein, verzichten und mit
der sinnlosen Zufälligkeit lieber die absolut niedrigst-
mögliche Bestimmung wählen, die sich nur denken

lässt? Vielleicht lässt sich nur so das eigene (Fehl-)Verhalten immer wieder entschuldigen und ertragen, weil man eben selbst sinnlos und zufällig ist und daher den anderen sinnlosen und zufälligen Menschen nichts schuldet – und nur sich selbst das schuldet, was einem selber nützt. Eine Hingabe an andere, die auch noch fröhlich geschieht, ist mit einem solchen Menschenbild letztlich inkonsequent. Warum sollte ich mich für andere opfern, die genau sinnlos und zufällig sind wie ich? Erst mit dem Bezug zu einer absoluten und vollkommen guten Autorität sind echte Würde, eine konsequente Ethik und genussvolle Hingabe an andere auch unter schwierigsten Bedingungen möglich. Aber freiwillig auf Gott zu verzichten ist eine Entscheidung gegen das Leben, weil damit die Quelle des Lebens mutwillig zugeschüttet wird.

„Warum wollt ihr sterben?"
(Hesekiel 33,11)

40 Der Postbote

Der Postbote kommt und bringt etwas – einen Brief, ein Paket, eine Bestellung aus dem Online-Shop. Dann geht er wieder und lässt die Postsendung zurück. Aber er selbst ist weg, er ist nur Überbringer.

Jesus ist kein Postbote, der uns schöne (oder auch weniger schöne) Dinge bringt und sich dann wieder auf den Weg macht, weil er ja auch noch viele andere Empfänger beliefern muss. Er ist kein Bote; er selber ist die Sendung. Er selber ist das Paket, und deshalb bleibt er bei uns. Jesus bringt nicht Frieden und geht dann wieder, sondern er selber als Person, als Charakter, als Existenz ist der Friede. Jesus bringt nicht Freude, sondern er selber ist Freude und verströmt sie ständig aus sich heraus, er kann nicht anders, weil er so ist. Er gibt nicht Leben, sondern er ist selber das Leben. Er vermittelt nicht Schutz und Geborgenheit, sondern er selber ist durch und durch Schutz und Geborgenheit (so wie eine Felsenhöhle nicht Schutz gibt, sondern als Ganzes einfach Schutz ist). Er spricht deshalb ausschließlich Wahrheit, weil sein Wesen, seine Wesensart selber die umfassende, totale, vollständige Wahrheit ist.

Wir reduzieren Jesus vielleicht manchmal auf den Geber, den Überbringer von guten Dingen – wie einen göttlichen Postboten, der fleißig am Ausliefern fremder Pakete ist. In Wahrheit ist Jesus selber das vollkommene Paket, die vollkommene Sendung – die alles Gute in Fülle enthält und bei uns bleibt.

„Ich bin der Weg, die Wahrheit und das Leben."
(Johannes-Evangelium 14,6)

41 Die Seelenpflege

Wieviel Aufwand treiben wir – mit gutem Grund – für die Pflege des Körpers! Den meisten Menschen ist klar, dass das Leben durch Duschen, Haare- und Nägelschneiden, diverse Pflegeprodukte und den individuell passenden Sport einfach besser und gesünder ist. Und man wirkt auch ganz anders auf andere Menschen, die sich – mit gutem Grund – von ungepflegten Mitmenschen eher fernhalten. Körperpflege kostet Zeit und auch Geld, aber es geht nicht ohne und es tut ja auch wirklich gut. Klar: Auch die sorgfältigste Körperpflege kann das Altern und schließlich das Ende der gesamten Körperfunktion nicht verhindern, aber das ist auch nicht ihre Aufgabe.

Wie gering ist dagegen der Aufwand, den viele Menschen für die Seelenpflege treiben. Sie haben keine Zeit für Reflexion und kein Geld für entsprechende Bücher, Begleitung und andere Angebote. Vielen wird die Notwendigkeit, die Innenseite ebenso zu pflegen wie die Außenseite, erst durch Krisen wie Krankheit, Geldsorgen oder Verlust von geliebten Menschen bewusst. Dann werden Fragen nach Sinn und Ziel, nach innerer Stärke, Freude und Frieden akut und verlangen plötzlich nach Antworten. Jetzt wird schmerzlich spürbar, dass die oft jahrzehntelange Vernachlässigung des inneren Menschen ebenso verheerend ist wie die Vernachlässigung der Körper-Außenseite. Wer sich erst bei Befall mit Kopfläusen beginnt, die Haare zu waschen, kommt zu spät. Und wer sich erst in einer Lebenskrise mit den Fragen des inneren Menschen beschäftigt, wird viel schwerer zu Antworten kommen als jemand, für den diese Fragen so selbstverständlich sind wie das Zähneputzen jeden Tag.

Gott lädt uns ein, den inneren Menschen, die Seele drinnen zumindest ebenso sorgfältig zu pflegen wie den Körper außen. Die wohltuende Gemeinschaft mit ihn, die Reinigung von Fehlern und Sünden, die Erfrischung durch einen Fokus auf seinen Eigenschaften, seinen Versprechen, seinen Taten – all das pflegt die Seele jeden Tag, so wie wenn wir uns unter eine „Seelendusche" stellen und uns einfach überströmen lassen wie bei einer Körperdusche, wo uns das ganz selbstverständlich ist. Wer so eine Seelendusche nimmt, lässt Gottes Wahrheit einfach über das eigene Leben regnen, ohne Mühe, ohne religiösen Eifer, ohne eigene Leistung. Seine Wahrheit reinigt und ist dabei ein Genuss! Und im Gegensatz zur Körperpflege wirkt dies der eigenen Vergänglichkeit tatsächlich entgegen. Wer den inneren Menschen durch tägliches In-Gott-Sein pflegt und eine „Seelendusche" nimmt, macht sich selbst fit für jede Herausforderung – und bereitet sich optimal vor auf eine ewige Zukunft in Herrlichkeit.

„Wenn auch unser äußerer Mensch verfällt, so wird doch der innere Mensch von Tag zu Tag erneuert."
(2. Korintherbrief 4,16)

42 Die Seelenmassage

Für den Körper ist eine Massage sehr wohltuend und gesund. Man gibt sich voll Vertrauen in die Hände eines Profis, legt mit der Kleidung auch Schutz und Zurückhaltung ab, überlasst sich dem, was nun geschehen wird. Die Berührungen und Einwirkungen auf Haut und Muskeln sind angenehm, wenn auch manchmal anstrengend. Verspannungen lösen sich, wunde Punkte werden berührt und angeregt, beanspruchte Muskelpartien werden gelockert und stärker durchblutet. Der ganze Organismus kommt in Schwung und wird neu ausgerichtet. Etwas Ähnliches bietet uns Jesus auch an, wie eine Seelenmassage: In einem persönlichen, entspannten Setting von Ruhe und Gebet berührt er die wunden Punkte unseres Inneren, die Verspannungen in unserem Denken und Fühlen, die verkrampften Ansichten und verhärteten Urteile und Sichtweisen. Es braucht Ver-trauen, sich einem Masseur ganz zu überlassen: Man muss an seine Ausbildung, seine Erfahrung, sein Können glauben. Ebenso bei Jesus: Es braucht Vertrauen, zu ihm in die Seelenmassage zu kommen – man muss an sein Können und seine besten Absichten glauben. Er wird uns auch an Stellen anrühren, wo wir das lieber nicht wollen. Er wirkt ein, er lockert, er bearbeitet – manchmal auch intensiv und heftig, aber immer zielorientiert und letztlich wohltuend: Damit die Seele heilt und der Geist gesund und aktiv bleiben kann.

„Was nützt es einem Menschen, wenn er die ganze Welt gewinnt, aber an seiner Seele Schaden erleidet?"
(Matthäus-Evangelium 16,26)

43 Die Stütze

Wer selbst nicht gehen kann, braucht Krücken oder einen Rollstuhl. Und wer alleine nicht einmal stehen kann, muss immer sitzen oder liegen. Aber wenn dieser eingeschränkte Mensch sich zumindest an etwas anlehnen kann, kann er immerhin aufrecht stehen und alles innerhalb der Armeslänge erreichen, ohne umzufallen. Er muss nur angelehnt bleiben, denn jeder Schritt weg von diesem Punkt der Stabilität bedeutet umfallen und handlungsunfähig liegen bleiben.

Wie gut ist es, dass wir uns immer an Jesus anlehnen können. Solange wir unsere Stabilität von und in ihm suchen und finden, sind wir handlungsfähig – in unserem persönlichen Radius und Einflussbereich. Jesus ist stark genug, uns für den Alltag zu stützen, sodass wir ohne Gefahr das tun können, was für diesen Tag in unserer begrenzten Reichweite liegt. Solange mein Leben sich an ihm lehnt, sich auf ihn stützt, kann ich ohne umzufallen agieren und das Nötige machen. Und wenn er in der Mitte als Stütze steht, kann ich angelehnt an ihn rund um ihn herum leben und genießen.

Wir sollen weder passiv noch hyperaktiv sein. Sondern wir sollen den Radius nutzen, den wir – angelehnt an ihn als unsere Stütze – mit freundlich ausgestreckten Armen erreichen. Mit weniger Arbeit und Einfluss sollten wir uns nicht zufriedengeben; aber mehr als diesen kleinen Radius verlangt Gott nicht von uns.

„Ohne mich könnt ihr nichts tun."
(Johannes-Evangelium 15,5)

44 Die Rolltreppen

Eine der bequemsten Erfindungen der Menschheit ist die Rolltreppe: Man macht einfach einen Schritt, und schon zieht sie einen hinunter oder hinauf, je nachdem, welche Rolltreppe man gewählt hat.

Viele Dinge im Leben sie wie Rolltreppen: Sie ziehen uns automatisch hinunter oder hinauf, wenn wir erst einmal aufgestiegen sind. Es ist scheinbar nur ein kleiner Schritt, aber wir landen dann ganz unten oder ganz oben. Wer zum Beispiel in eine Sucht, in eine Perversion, in eine ungesunde Beziehung zu einem Menschen einsteigt, wird davon nach unten gezogen. Wer unbedacht einen Schritt hin zu Okkultismus, Stolz oder Menschenverachtung macht, ist auf eine Rolltreppe nach unten eingestiegen. Und eine Rolltreppe kann man selber nicht einfach „umdrehen", man muss dann entweder mit größter Mühe gegen die Laufrichtung rennen oder irgendwie abspringen – beides ist oft nicht möglich und jedenfalls gefährlich.

Gott sei Dank gibt es aber nicht nur Rolltreppen nach unten. Es gibt auch solche, die uns nach oben ziehen, wenn wir nur aufsteigen und diesen einen Schritt auf die Rolltreppe machen. Vertrauen, Anbetung und Verehrung von Jesus und dem, was er ist und getan hat, ist eine ausgezeichnete Rolltreppe nach oben. Dankbarkeit zu anderen Menschen und vor allem Gott hin ist wie eine Rolltreppe, ja wie ein Express-Aufzug hinauf.

Wir entscheiden, wo wir aufsteigen – aber wo uns die gewählte Rolltreppe dann hinbringt, können wir uns nicht aussuchen. Ihr Weg und ihr Ziel sind fix: Das gilt für die Rolltreppen dieser Welt ebenso wie die geistlichen Rolltreppen hinauf – und auch jene hinunter.

„Komm hier herauf!"
(Offenbarung 4,1)

45 Die Kinderzeichnung

Ein kleines Kind hat einen Elefanten gemalt, so gut es eben kann. Die Zeichnung ist natürlich kein großartiges Kunstwerk; aber sie zeigt doch immerhin irgendwie einen grauen, massigen Körper mit großen Ohren, Stoßzähnen und einem langen Rüssel. Die Beine sind zu kurz, der Kopf zu groß und der Körper passt irgendwie nicht so ganz dazu. Man kann trotzdem eindeutig einen Elefanten erkennen, und das Kind ist stolz auf sein Werk.

Am nächsten Tag gibt es eine Familienfeier, und viele Verwandte kommen zusammen. Die Eltern lassen nun das Elefantenbild ihres Kindes stolz in der Runde herumgehen, aber die Onkel und Tanten, Neffen und Kusinen machen sich lustig über das Kinderbild: Bitte was soll dieses kindische Gekritzel denn darstellen? Das ist ja künstlerisch total wertlos!

Die Eltern bitten nun alle Verwandten, selbst einmal einen Elefanten zu zeichnen. Das wird von den meisten abgelehnt. „Ich bin ja kein Künstler", sagt ein Onkel; „Ich war schon in der Schule im Zeichnen ganz schlecht", erklärt eine Schwägerin; „Das ist doch kindisch", so eine andere. Ein paar versuchen es, aber die Ergebnisse sind viel kümmerlicher als das Kinderbild. Am Ende des Tages bleibt nur das „wertlose" Bild des Kindes übrig und erweist sich als ein Schatz, der die Familie noch lange begleiten wird.

Wir Christen malen und präsentieren unser Vertrauen, unseren Glauben, unsere Hoffnung oft ungeschickt und nicht gerade überzeugend, vielleicht sogar etwas verschämt, das stimmt leider. Unsere Argumente und Gründe klingen nicht logisch, wir haben kein „System", keine Beweise, keine Schlagkraft. Aber die Menschen, die sich darüber lustig machen, haben ja nichts Besseres als Jesus, sondern innerlich nur Leere, Resignation, ein zynisches „Drüberstehen" – oder irgendwelche menschlich ausgedachten, holprigen Glücks-Systeme. Aber sie alle müssen ehrlich zugeben: Der Tod ist ihre einzige Gewissheit und ihr unausweichliches Ziel. Darum sollen wir voller Überzeugung zu unserer persönlichen Freude und Zukunftshoffnung stehen: Denn es gibt nichts Besseres. Auch wenn wir nur ein unvollkommenes Bild unseres Glaubens an Jesus zeichnen können: Der Inhalt unseres Glaubens, also die Person Jesus Christus, ist vollkommen. Und das ist entscheidend.

„Ich schäme mich nicht für die gute Botschaft von Jesus Christus." (Römerbrief 1,16)

46 Das unbegrenzte Maximum

In jedem Leistungssport gibt es für alle Zeiten eine Grenze des Erreichbaren, selbst wenn Dopingmittel genommen und andere höchst zweifelhafte Wege eingeschlagen werden. Es gibt eine absolute Grenze dafür, wie schnell ein Mensch 100 Meter laufen kann: Das wird keinem Menschen jemals in 2 Sekunden möglich sein. Es gibt ein unüberschreitbares Limit dafür, wieviel Gewicht ein Mensch heben kann: Diese Grenze wird für immer (deutlich) unter 1.000 Kilogramm liegen. In allen Disziplinen und in allen Kunstfertigkeiten des Menschen gibt es absolute Grenzen: So wie auch das größte Glas nicht zu mehr als 100% gefüllt sein kann.

Gott selbst ist in allem das Maximum, aber das ohne Grenzen: Er ist die maximale Weisheit, aber ohne, dass dieses Maximum eine unüberschreitbare Grenze kennen würde. Er ist die maximale Schönheit, Stärke, Güte ... aber all dies nicht in dem Sinne, dass er alle seine Möglichkeiten ausschöpft und dann selbst an einem endgültigen Limit ansteht. Ja doch, er schöpft alle Möglichkeiten aus, aber es sind unendlich viele. Er ist wie ein zu 100% gefülltes Glas, aber dieses Glas ist unendlich groß – und daher eben doch zum Überfließen gefüllt.

„Denn in Christus ist die ganze Fülle des Göttlichen greifbare Realität geworden (...), und ihr seid durch eure Einheit mit Christus damit erfüllt."
(Kolosserbrief 2,9-10)

47 Das Bewusstsein

Versuchen Sie einmal ein kleines Experiment: Denken Sie über einen ganzen Tag verteilt immer wieder an einen bestimmten Körperteil, immer an denselben, egal welchen. An Ihre Lunge zum Beispiel, an Ihre Ohren oder an Ihre linke große Zehe. Es wird Ihnen dadurch immer wieder bewusst werden, dass dieser Körperteil da ist, seine Funktion erfüllt und dem großen Ganzen dient. Vielleicht spüren Sie den Körperteil dann auch öfter, jedenfalls aber wird er viel präsenter in Ihren Gedanken und Empfindungen sein. Denn woran man denkt, das spürt man auch. (Das wird natürlich nur funktionieren, wenn Sie an einen Körperteil denken, den Sie auch tatsächlich besitzen: Ein drittes Auge wird nicht wachsen, egal wie oft Sie daran denken, und auch keine Flügel oder Hörner.)

Wenn Gott wirklich da ist, ist es sehr sinnvoll, oft an ihn zu denken. Denn damit holen wir ihn in unser Bewusstsein, in unsere Aufmerksamkeit hinein, und genau da will er auch sein – aber ohne sich mit Druck hineinzuquetschen. Alles um uns herum drängt sich auf: Menschen, Geräusche, Gerüche, Eindrücke, Sichtbarkeiten brauchen wir nicht in unser Bewusstsein hineinholen, sie kommen von selbst. Gott ist anders. Wenn er nicht da wäre, dann wäre es sinnlos an ihn zu denken. Die Erfahrung vieler Menschen ist aber eine andere: Je mehr Aufmerksamkeit und – oft kurze – Gedanken wir ihm widmen, desto klarer wird seine Anwesenheit. Nicht weil wir ihn aus dem Nicht-Sein ins Sein herbeiwünschen könnten, sondern weil er ohnehin in unmittelbarer Nähe anwesend ist – so wie unsere Lunge, unsere Ohren, unsere großen Zehen. Aber an etwas zu denken, lädt es ins Bewusstsein hinein. Genau das können wir auch mit Gott erleben.

„Konzentriert eure Gedanken auf ihn!"
(Kolosserbrief 3,2)

48 Der Weg und der Wegesrand

Eine Gruppe Wanderer geht einen Wanderweg entlang. Sie haben ein Ziel, aber sie haben auch einen Blick für alles, was ihnen unterwegs begegnet: Ein schöner Schmetterling, summende Bienen; bunte Blumen und Walderdbeeren am Wegesrand, Pilze und ein funkelnder Teich. Ja, auch eine Bierdose, die jemand anderer weggeworfen hat, die nimmt einer mit und wird sie dann am Ziel abgeben. Das Wesentliche sind aber nicht die Dinge unterwegs, sondern das Ziel: Die Berghütte, wo sie einkehren und es sich gut gehen lassen wollen.

So sind auch Christen miteinander unterwegs auf einem Weg, der sie zum Ziel führt. Am Wegesrand des Lebens wachsen Blumen, aber auch Dornen; essbare und leider auch giftige Pilze; freundliche Bienen, aber auch ungemütliche Stechmücken begleiten manchmal ein Stück weit. Da liegt auch Müll herum und Anderes, was Menschen auf diesen Weg geworfen haben und was da gar nicht hingehört. Das Gute genießen wir, ohne uns vom Weg ablenken zu lassen; den Müll und was andere Menschen falsch machen, nehmen wir mit und geben es bei Gott ab. Alles, was gar nicht auf den Weg mit Jesus gehört und was wir auch nicht ändern können, lassen wir still hinter uns, unbeirrbar und gelassen unterwegs, immer auf das Ziel ausgerichtet. Wir ertragen die Störungen und sind dankbar für Freundlichkeiten unterwegs; aber der Weg führt weiter zum Ziel, und dort erwartet uns die totale Freundlichkeit in Person.

„Ich bin der Weg."
(Johannes-Evangelium 14,6)

49 Der nahe Himmel

Gott ist im Himmel, aber wo ist dieser Himmel eigentlich? Leider klingt dieses Wort „Himmel" nach einer großen Distanz, weil wir mit „Himmel" ganz automatisch die Weite und scheinbare Ferne des natürlichen Himmels über der Erde verbinden. Damit diese Distanz zu Gott schwindet – denn es gibt sie in Wahrheit nicht – ist es manchmal eine Hilfe, vorübergehend ein anderes Wort statt „Himmel" zu verwenden.   Das Wort „Atemluft" zum Beispiel – denn dieses Wort steht für etwas, was uns ständig nahe ist, was wir in uns aufnehmen und worin wir unsererseits ständig aufgenommen sind. Etwas, was wir zum Leben brauchen, und wo wir sicher leben können, solange es um uns und in uns ist.

Wenn wir das auf einige Aussagen über Gott umlegen, klingt Vieles plötzlich nicht mehr nach Distanz, sondern nach maximaler Nähe. Zum Beispiel würde das „Vater unser"-Gebet dann so beginnen: *„Unser Vater in der Atemluft..."* Das klingt ganz nah! Oder: Gott sieht uns aus dem Himmel, also aus der Atemluft heraus – also aus nächster Nähe, sogar von innen her, denn wir atmen die Luft ja in uns ein! Oder auch: Jesus empfiehlt uns, Schätze „im Himmel" zu sammeln, also nicht irgendwo weit weg, sondern in unmittelbarer Atemnähe, bei unseren Mitmenschen, die dieselbe Luft wie wir atmen und die unseren Alltag, unser direktes Umfeld bewohnen.

Gott hat sich in Jesus ins Menschsein hinein aufgemacht, ihm geht es also offensichtlich um Nähe, um ein Ende der Distanz, um ein In-Uns-Wohnen – um maximale, unüberbietbare Nähe. Wo Gott herrscht und regiert, ist der Himmel, denn dort geschieht sein Wille; ein besseres Leben als in diesem Reich, in diesem Himmel zu leben, gibt es nicht. Der Himmel ist nahe, nicht irgendwann, sondern jetzt schon. Nicht irgendwo, sondern hier.

„Das Reich Gottes ist mitten unter euch."
(Lukas-Evangelium 17,21)

50 Der Perspektivenwechsel

Jemand schenkt einem anderen Menschen eine Kleinigkeit, ein Buch vielleicht oder einen Blumenstrauß. Wie eigenartig wäre es, wenn der Beschenkte nun sofort zum Spiegel läuft, um zu überprüfen, wie gut das Geschenk zu ihm passt, wie er damit aussieht und ob er das Geschenk auch ja richtig in der Hand hält. Die richtige Reaktion wäre es doch, dem freundlichen Geber in die Augen zu sehen, ihm zu danken und freundliche Worte über das Geschenk zu finden: Den Duft oder die Schönheit der Blumen loben oder den Wert des Buches.

Gott schenkt uns so viel mehr als nur Kleinigkeiten, aber unser Blick geht so schnell und so oft auf uns selbst zurück: Bin ich überhaupt wert, beschenkt zu werden? Sollte ich nicht Gott doch auch eine Kleinigkeit zurückschenken? Ist das Geschenk nicht zu wertvoll, kann ich das überhaupt annehmen? Ist es denn wirklich ein Geschenk oder erwartet Gott nicht auch eine berechtigte Gegenleistung, etwas mehr Bravheit oder Religiosität vielleicht oder eine Spende an eine Hilfsorganisation? Wir stehen also quasi vor dem Spiegel mit Gottes Geschenken und sehen auf uns selbst, anstatt auf Gott zu schauen; denken über uns selbst als Empfänger nach, anstatt ihn noch mehr als den großzügigen Geber zu feiern.

Seine Geschenke wollen unseren Blick lenken – und zwar immer weg von uns, hin zu ihm. Wir schauen weg von uns und all den verkrampften Fragen und Hintergedanken, und geben uns einfach in die Freude hinein, von ihm schon wieder ein Geschenk erhalten zu haben. Unsere Unfähigkeit, uns ohne Gegenleistung verwöhnen zu lassen, ist wie ein Spiegel, in dem wir uns betrachten und überlegen, was wir Gott zurückgeben könnten. Aber weil Gott von Herzen schenkt, erwartet er keine Gegenleistung. Er erwartet als natürliche Reaktion eine dankbare Kontaktaufnahme und die Umkehr unseres Blicks: Weg von uns, hin zu ihm.

„Weißt du nicht, dass Gottes Güte dich zur Umkehr leiten will?" (Römerbrief 2,4)

51 Der Schlüssel

Jemand hat sich durch ein dummes Missgeschick aus dem eigenen Haus „ausgesperrt", steht also vor verschlossener Türe und kommt nicht rein. Was ist jetzt das Wichtigste und Naheliegendste, was die Situation sofort lösen würde? Auf der Herdplatte drinnen steht ein Topf mit kochendem Wasser, da ruft er mal die Feuerwehr, nur für den Fall, dass da was zu brennen beginnt. Und die zweijährige Tochter, die miteingesperrt ist, könnte sich verletzen, darum am besten die Rettung anrufen. Bis die Helfer eintreffen, „nützt" er die Zeit, um am Smartphone ein paar dringende Online-Käufe zu erledigen, gießt draußen in seinem Garten die durstigen Blumen, erzählt dem Nachbarn über den Zaun, wie gefährlich die ganze Situation ohne Schlüssel ist – weil mit dem Nachbarn wollte er ohnehin schon lange wieder einmal ein nettes Gespräch führen.

Nur das eine, was die logische Lösung für das Ganze ist, tut er nicht: Nämlich den Zweit-Schlüssel, den er leicht zugänglich unter dem Blumentopf hinterlegt hat, nehmen und aufsperren. Diesen Schlüssel, der den Zugang zu all den großen und kleinen Herausforderungen und Situationen, zu den Antworten und Lösungen öffnet, lässt er unbeachtet liegen, nimmt ihn nicht, verwendet ihn nicht.

Jesus als Person ist der Schlüssel zu all unseren Situationen, aber oft scheinen andere Dinge und Personen wichtiger, dringender oder zielführender als die Beschäftigung und Gemeinschaft mit ihm. Anstatt eine Herausforderung oder ein Problem gemeinsam mit ihm als dem Schlüssel zur Lösung anzugehen, versuchen wir Auswirkungen des Problems alleine zu vermeiden oder irgendwie zu bewältigen. Das ist genauso dumm, wie vor dem versperrten Haus den Schlüssel liegen zu lassen und stattdessen die Feuerwehr zu rufen, damit sie im worst case das Feuer im Haus löscht. Die Gemeinschaft mit Jesus schließt uns alle anderen Dinge und Bereiche unseres Lebens auf.

„Es soll euch zuerst um Gottes Reich und Gottes Gerechtigkeit gehen, dann wird euch das Übrige alles dazugegeben." (Matthäus-Evangelium 6,33)

52 Der Künstler

Von den großen Künstlern werden nicht nur die bekannten Werke geehrt, sondern alles, was irgendwie von ihnen kommt: Die privaten Briefe von Wolfgang Amadeus Mozart oder die Küchenabrechnungen von Ludwig van Beethoven, die mit seiner Musik gar nichts zu tun haben; die kleinsten Skizzen und Kritzeleien von Picasso oder Rembrandt; verpatzte Studioaufnahmen von Bob Dylan, die niemals zur Veröffentlichung gedacht waren – und so Vieles mehr, was einfach deshalb bedeutend und interessant ist, weil es von einem bedeutenden Künstler oder Denker kommt. Wenn man heute auf einem Dachboden einen Zettel mit ein paar handgeschriebenen Worten von Marie Curie oder John Lennon finden würde, es wäre eine Sensation: Heerscharen von Experten würden diesen Zettel analysieren, Dissertationen würden darüber geschrieben werden und der Zettel in einem Museum unter Panzerglas gehütet werden, und Tausende von Fans würden zu diesem Zettel pilgern. Das Interesse an diesen Persönlichkeiten ist so groß, dass einfach alles von ihnen als interessant und relevant gilt.

Gott ist die vollkommene Persönlichkeit, der absolute Künstler, und darum ist alles, was von ihm kommt, interessant, relevant und faszinierend – viel mehr noch als bei den oben genannten Menschen. Selbst der einfachste Grashalm, der auf dem Vorfeld eines Flughafens zwischen den Betonplatten hervorwächst, trägt die Würde und Vollkommenheit seines Schöpfers in sich und ist Hinweis auf seine unbegrenzten Möglichkeiten, seine perfekte Schönheit, seine üppige

Schöpferlust. Ein solcher Grashalm scheint wie ein nutzloses Zufallsprodukt – ähnlich wie Beethovens Küchenabrechnung. Aber wer Beethoven liebt, interessiert sich auch für seine Küchenabrechnung, einfach weil sie vom verehrten Meister kommt. Wer Gott liebt, interessiert sich auch für seine scheinbar nebensächlichsten Schöpfungswunder, Taten, Zusprüche: Einfach, weil sie von ihm kommen.

„Niemand kann tun, was du (Gott) tust!"
(Psalm 86,8)

53 Die Heuschrecke

Das Leben einer Heuschrecke findet nicht isoliert, quasi in einem Vakuum statt. Sie lebt normalerweise im Gesamtkontext einer Wiese. Ihr Dasein und Leben ist eingebettet in die Zusammenhänge von Tag und Nacht, Sonne und Regen, Grashalmen und Erde, anderen Insekten und Wiesentieren. Dazu kommen die Jahreszeiten; Tiere und Menschen, die durch die Wiese gehen; der Rasenmäher des Wiesenbesitzers; vorherige und nachfolgende Generationen von Heuschrecken, Wind, Wasser, Dürre und Hitze. Die Heuschrecke steht nicht im Zentrum der Wiese, sondern ist einfach in ihr da, lebt von ihr; nicht die Wiese braucht die Heuschrecke, sondern die Heuschrecke lebt in und von der Wiese und den erwähnten noch größeren Zusammenhängen.

Auch jedes menschliche Leben ist eingebettet in einen größeren Kontext: Andere Menschen nehmen Einfluss auf uns, ebenso wie die Umstände, die wirtschaftliche und ganz persönliche finanzielle Situation, Familie und Freunde, politische Entwicklungen, technische Neuerungen. Aber der Gesamtkontext jedes menschlichen Lebens ist noch größer, besteht aus Natur und Wetter, Individualität und Anatomie des menschlichen Körpers, den Abgründen der menschlichen Seele und der Formung und Deformation des menschlichen Geistes.

Eine Heuschrecke hat keine Wahl: Sie ist ihrem Gesamtkontext angepasst und muss darin leben, ohne irgendetwas darüber zu wissen oder darüber nachdenken zu können. Denn Gott hat sie – wie alle Tiere – nach ihrer Art geschaffen (und ihr wie allen Tieren eine begrenzte Weiterentwicklung ermöglicht). Den Menschen dagegen hat Gott nach seiner eigenen göttlichen Art, seinem Wesen geschaffen: Fähig zum Erkennen, Nachdenken, Begehren, Lieben. Unsere Seele sehnt sich darum nach dem größeren Kontext, in den unser Leben eingebettet ist; sie will erkennen und begreifen, was ihre „Wiese" ist und was jenseits dieser „Wiese" ist.

Darum ist Menschsein mehr als Essen und Trinken, Arbeiten und Schlafen (darauf reduziert sich das Heuschrecken-Dasein), mehr als Materie und Triebe. Wir brauchen das eine Wesentliche, wofür wir geschaffen sind: Wie ein leeres Glas zum Befüllen geschaffen wurde, sind wir von uns aus leer und zur Erfüllung durch etwas außerhalb von uns selbst geschaffen: Nicht durch irgendetwas, sondern durch Gott selbst. Er will von jenseits der Wiese zu uns kommen, um uns zu bewohnen und zu erfüllen wie das Wasser das Wasserglas. Seine Existenz, seine Realität, sein Wesen ist unser Kontext – wie die Wiese für die Heuschrecke.

„Du (Mensch) **sorgst dich um so viele Kleinigkeiten!** **Aber im Grunde ist doch nur eines wirklich wichtig.** *"*
(Lukas-Evangelium 10, 41-42)

54 Der stolze König

Manch ein Herrscher denkt groß und maßlos von sich selbst. Er bedroht die umliegenden Reiche und unterdrückt seine Untertanen. Er meint alles zu können und alles zu dürfen, was ihm in den stolzen Sinn kommt, und er hält sich für unabsetzbar und unangreifbar. In Wahrheit aber herrscht er über ein Land ohne Bodenschätze und ohne finanzielle Rücklagen. Er ist darauf angewiesen, ständig alles, was er braucht, aus anderen Ländern geliefert zu bekommen: Rohstoffe und Lebensmittel, Energie und qualifizierte Arbeitskräfte, militärischen Schutz und diplomatische Unterstützung.

Jeder Mensch herrscht für ein paar Jahrzehnte über sein Leben wie über ein kleines Reich, und viele kommen sich darin wie der stolze König vor: Sie meinen mit der eigenen Kraft und den eigenen Möglichkeiten alles tun zu dürfen. Sie halten sich selbst, die Technologie oder den Fortschritt für ihre Stärke und lachen über alle, die so kindisch sind, sich an Gott zu halten. Dabei ist auch der stolzeste Mensch bis ins Letzte von Gott abhängig, und als Zeichen dafür erlebt er täglich viele gesunde Demütigungen seines Hochmuts: Wir alle müssen essen und ausscheiden. Wir alle sind abhängig von Wasser, Luft und Licht. Wir brauchen Beziehungen und Liebe. Und jeder Mensch wird täglich für mehrere Stunden unter das Joch der Bewusstlosigkeit gezwungen, das wir „Schlaf" nennen – eine Zeit, während der auch dem stärksten und klügsten und stolzesten Menschen völlig wehrlos alles widerfahren kann: Atemnot und Herzstillstand, Einbruch und Überwältigung, schutzlos Katastrophen ausgeliefert zu sein oder schlicht und einfach ein stiller Tod. Aber je mehr man versucht, sich im Schlafen und im Wachen mit Klugheit oder Druck gegen alles – vielleicht auch gegen Gott, wer weiß – abzusichern, desto unruhiger wird der Schlaf. Wer dagegen „kindisch" genug ist, auf Gott zu vertrauen, erlebt seine beruhigende Hand in jeder Situation und erlebt ganz konkret: Besser „kindisch" gläubig und dabei glücklichruhig sein, als „erwachsen" skeptisch und dabei voller Sorge und Unruhe.

„Mein Körper ruht in Sicherheit."
(Psalm 16,9)

55 Die Wege

Wanderer suchen üblicherweise nicht den einfachsten Weg, sondern den schönsten (was für jeden Wanderer etwas Anderes bedeuten kann). Darum gehen sie nicht auf der breiten Asphaltstraße, die zum Gipfel führt. Wenn möglich, vermeiden sie auch die geschotterte flache Forststraße, die zwar angenehm zu begehen ist, aber keinerlei besondere Ausblicke oder Naturerlebnisse bietet. Wer mit solchen Ausblicken und Erlebnissen gesegnet werden will, sucht mit Absicht die mühsamen Waldwege, geht freiwillig die steinigen Felsenpfade, wagt sich gerne durch Klamm und Schlucht. Klar: Man kann auch bequem im Auto auf viele Gipfel gelangen, aber dieses Erlebnis ist doch nicht vergleichbar mit dem anstrengenden, aber mit Erlebnissen gefüllten Aufstieg am Klettersteig.

Viele Wege im Leben sind mühsam, und wie beim Wandern fragt man sich: Warum mache ich das eigentlich? (Und manchmal ist es auch gut, diese Frage zu stellen und einen anderen Weg zu suchen.) Wäre der bequeme Weg nicht der bessere? Zahlt sich diese Mühe denn überhaupt aus? Oft kommt aber auch ein anderer Weg gar nicht in Frage, und man muss sich auf jeden Fall dem steinigen Weg stellen und ihn sehenden Auges gehen – in bestimmten Lebenssituationen, Herausforderungen oder Aufgaben. Gerade in solchen Lebensphasen, unterwegs auf steinigen Wegen, segnet Gott bedenkenlos Menschen, die ihm vertrauen, auch wenn sie grobe Fehltritte machen und unnötige Umwege gehen: Das ist die Erfahrung von Millionen von Menschen.

Wo unsere Schritte schwer und klein werden, auf gefährlich schmalen Wegen, hat Gott mehr Raum für seine Führung als auf den breiten Autobahnen, wo wir selbst das Lenkrad fest in der Hand halten und trotzdem ständig in tödlicher Unfallgefahr schweben.

„Die steinigen Wege fließen über vor Fülle."
(Psalm 65,12)

56 Die Macht

Wenn ein Flugzeug abstürzt, in dem 200 Menschen sitzen, und den Absturz überleben 111 davon, und die anderen 89 sterben – wer oder was hat entschieden, wieviele Überlebende und Tote es gibt und zu welcher Gruppe jeder einzelne Passagier gehört? Das Glück bei der Auswahl oder Zuteilung des Sitzplatzes? Die Physik, nach „deren Gesetzen" der vordere Teil des Flugzeugs zerbrach und zur tödlichen Falle wurde, während der hintere intakt blieb und die Insassen schützte? Der Zufall? Das Schicksal?

Wenn in einem Nachtklub eine Bombe explodiert – wer oder was entscheidet, wie schwer die Auswirkungen sind und was mit den Menschen geschieht, die sich gerade dort befinden? Der Attentäter und seine bösartigen Planungen? Die Gunst (oder Ungunst) des Augenblicks? Oder wieder: Die Physik? Der Zufall? Das Schicksal?

Wenn eine schwierige Operation ansteht — wer entscheidet darüber, ob sie gelingt oder nicht? Wer entscheidet, ob die ganze Gruppe Bergsteiger vom Gipfel wieder heil zurückkommt oder doch nicht alle? Wer entscheidet darüber, ob es beim Autounfall für alle Beteiligten nochmals gut ausgeht oder eben nicht?

Menschen, die den lebendigen Gott kennen gelernt haben, wissen: Neben ihm ist einfach kein Platz für einen Neben-Gott oder eine Vize-Allmacht, die für die unangenehmen Themen und Ereignisse zuständig ist, sodass Gott vielleicht seine in unseren Augen „reine Weste" behalten kann. Gott ist total, existenziell, elementar, und das gilt für jede Sekunde von der Zeugung bis zum Aufhören der Körperfunktion (und auch danach). So wie Leben nicht von selbst und nach eigener Logik entstehen kann (denn wo käme diese Logik her?), kann auch Tod niemals von selbst und nach eigener Logik passieren. Und so wie niemand Leben von sich aus geben kann, kann auch niemand von sich aus Leben nehmen. Gott, der als einziger Leben aus sich selbst heraus hat, ist auch der Einzige, der Leben aus eigenem Antrieb wieder nehmen kann und es auch tatsächlich nimmt. Nicht der ungeschickte Arzt, nicht der hasserfüllte Attentäter, nicht der Hirntumor, nicht der achtlose Alko-Lenker und auch nicht der eigene Todeswunsch ist die letzte Instanz darüber, ob ein Mensch in diesem Körper auch noch den nächsten Tag erlebt; sondern Gott.

Er muss sich dafür in jedem einzelnen Fall weder verantworten noch genieren, nicht rechtfertigen oder erklären. Diese Totalität Gottes erschreckt uns vielleicht; aber in Wahrheit ist sie der einzige echte Trost im Chaos dieser Welt: Denn die Bibel sagt zwar, dass der Tod tatsächlich ein Feind ist, aber er ist ein Feind, den Gott am Nasenring führt. Auch der Tod muss bei jedem einzelnen Todesfall nach Gottes Pfeife tanzen.

„Ich allein bin Gott, und es gibt keinen außer mir. Ich ganz allein bestimme über Tod und Leben, über Krankheit und Gesundheit." (5. Mose 32,39)

57 Die Eigentumswohnung

Das ist das größte, was Gott mit einem Menschen tun kann: ihn bewohnen. Nichts im Leben kann mit dem Bewusstsein und der Freude verglichen werden, vom Schöpfer bewohnt und durchwachsen zu werden, der seinerseits große Freude darin findet, in Menschen zu wohnen und sie zu durchwachsen. Vergebung und Erlösung dienen letztlich dazu, einen Menschen als Wohnung für Gott selbst zuzubereiten, quasi herzurichten.

Aber Gott wohnt in Menschen nicht zur Miete. Er lässt sich auf keinen befristeten Mietvertrag ein, der auf Leistung und Gegenleistung beruht und irgendwann wieder gekündigt werden kann. Er zieht nicht ein mit der Option, später mal wieder ausziehen zu wollen oder zu müssen. Gott mietet sich nicht ein; er kauft. Er hat um den Preis von Jesus' Leben Menschen aus der Konkursmasse des verdienten Todes herausgekauft, um sie wie Wohnungen neu aufzubauen und dann zu bewohnen. Darum ist Gott nicht an Menschen als Mietwohnungen, sondern nur als Eigentumswohnungen interessiert:

Denn was er kauft, das gehört ihm dann auch. Er will an Menschen alle Rechte eines Eigentümers wahrnehmen und die Wohnung nach seinen Vorstellungen, Absichten und unbegrenzten Möglichkeiten gestalten und auch umgestalten. Jeder Mensch, der sich darauf einlässt, profitiert davon in unvorstellbarer Weise. Mieter haben oft keine große Motivation, ihre Mietwohnung weiter zu verschönern und auszubauen; Eigentümer dagegen investieren meist gerne in ihr eigenes Zuhause, das dadurch immer wertvoller wird. So auch Gott.

Wer Gott aus Vorsicht nur ein kündbares Mietverhältnis zugestehen will, hat Gottes Fülle und seine unfassbar gute Perspektive für unser Leben noch nicht erkannt – und auch noch nicht verstanden, was für ein ewiges Lebensglück es ist, Gott als ein Zuhause, ein Tempel, eine Wohnung zu dienen und von seinem Geist erfüllt, durchströmt, bewohnt zu sein. Erst wenn ihm das Eigentumsrecht gegeben wird, erfüllt sich, was Jesus versprochen hat, nämlich dass Gott selbst im Menschen einzieht und dauerhaft in ihm wohnt.

„Wer mich liebt, wird tun, was ich sage. Mein Vater wird ihn lieben, und wir werden zu ihm kommen und bei ihm wohnen." (Johannes-Evangelium 15,23)

58 Die Lebensversicherung

Ein Mensch schließt nach längerem Überlegen und Berechnen der Kosten und des Nutzens eine Lebensversicherung ab: Er glaubt nicht ganz daran, dass es wirklich zu einem Unglück kommen könnte, aber falls es wider Erwarten eben doch so kommt, ist seine Familie abgesichert! So zahlt er brav seine Prämien ein und denkt ansonsten nicht an die Polizze und ihre Bestimmungen. Hin und wieder kommt ihm die Möglichkeit eines Unglücks in den Sinn, aber dann beruhigt er sich mit seiner Versicherung, weil er weiß: Ich habe mit den Zahlungen meinen Teil erfüllt, und im Fall des Falles ist deswegen eben die Versicherungsgesellschaft in der Pflicht, ihren Teil zu erfüllen und uns reichlich zu entschädigen.

Viele Menschen sehen auch den Glauben an Gott und Jesus ungefähr so: Wie eine Versicherung für den irgendwann unvermeidbaren Todesfall. Man zahlt brav Beiträge ein: Spenden und Kirchenbeiträge, und hin und wieder wackelt man in eine Kirche, hört sich manchen Unfug dort an, widerspricht nicht und denkt wenn nötig an etwas Anderes. Man macht vielleicht sogar das eine oder andere äußerliche Ritual mit, weil es ja nicht schaden kann – und weil es eben Teil des Deals mit der „Versicherung" ist. Denn als Gegenleistung darf man für den unwahrscheinlichen Fall, dass da doch etwas nach dem Tod kommt, eine Zulassung in den Himmel – oder was immer dann in Aussicht steht – erwarten. Schließlich hat man den eigenen Beitrag ja geleistet, und damit ist dann Gott in der Pflicht, seinerseits seinen Teil des Deals zu erfüllen. Bis dahin, im Alltag, lohnt es sich nicht, an ihn zu denken oder sich irgendwie mit ihm zu beschäftigen. Es geht ihm ja angeblich ohnehin darum, am Ende die Menschen im Himmel um sich zu haben – also wird er sich wohl nicht querlegen, wenn es dann so weit ist.

Von all dem hat Jesus nie gesprochen. Glaube an ihn ist keine Lebensversicherung für nach dem Tod. Denn das Leben mit ihm ereignet sich im Hier und Jetzt, nicht erst irgendwann. Und wenn es sich nicht hier und jetzt ereignet, dann nirgendwo und niemals. Jesus kennen, von ihm erkannt sein, in ihm ganz selbstverständlich existieren wie der Fisch im Wasser, ist das wahre, das ewige Leben – nicht erst wenn der Körper und das Denken aufhören zu funktionieren, sondern sofort, auch bei voller Kraft und bester Gesundheit.

„Dies aber ist das ewige Leben, dass sie dich, den allein wahren Gott, und den du gesandt hast, Jesus Christus, erkennen." (Johannes-Evangelium 17,3)

59 Die Oberleitung

Was für ein Fortschritt ist die Elektrolokomotive gegenüber einer Dampflokomotive! Sobald der Fahrdraht unter Spannung steht, kann die E-Lok schwere Lasten ziehen und sich ohne störenden Dampf und ohne große Mühe für die Beteiligten frei bewegen – solange sie unter dem Draht bleibt und nicht auf Gleise ohne Oberleitung gerät. Und natürlich gibt es eine wesentliche Voraussetzung: Der Stromabnehmer muss ausgefahren werden und die Oberleitung wirklich berühren, um an den fließenden Strom angeschlossen zu sein und seine Kraft nutzen zu können.

Über uns ist Gottes Kraft und Geist ausgespannt wie eine Oberleitung, die ständig unter Spannung steht. Wenn wir den Stromabnehmer unseres Bewusstseins ausfahren und diese Leitung berühren, sind wir angeschlossen an seinen Strom. Dann kommt uns seine Kraft zu, und wir können, ohne selbst die Kraft aus uns heraus aufbringen zu müssen, auch schwere Lasten tragen und uns auf seinen Gleisen bewegen. Der Sinn der Lok ist es, nicht nur sich selbst zu bewegen, sondern sie hat durch den Strom von oben Kraft im Überfluss, sodass sie einen ganzen Zug ziehen kann – manche Lok einen langen und schweren Zug, manche nur einzelne Waggons, je nach Bauart. All das gilt auch für uns, solange wir nicht auf Gleise geraten, wo es keine Oberleitung mehr gibt: Denn ohne diese Oberleitung, in der Gottes Strom fließt, geht uns sofort die Kraft aus, weil selber können wir sie nicht produzieren. Sie kommt – wie bei der E-Lok – von außen und wird ganz anderswo hergestellt. Wie eine E-Lok sind wir Nutznießer von einer Kraftquelle, über die wir nicht in uns verfügen, die uns aber offensteht – wenn wir den Stromabnehmer ausfahren und den engen Kontakt mit der Oberleitung halten. Und wenn wir merken, dass der Kontakt nach oben fehlt, genügt wie in der E-Lok ein geistlicher Knopfdruck, und der Kontakt ist wieder hergestellt:

„Dies tun wir, indem wir unsere Augen auf Jesus gerichtet halten, von dem unser Glaube vom Anfang bis zum Ende abhängt." (Hebräerbrief 12,2)

60 Die richtige Technik

Hobbyschwimmer spulen oft mit viel Kraftaufwand ihre Längen ab – egal ob Brust-, Rücken- oder Kraulstil. Die mangelnde Koordination, Atemtechnik und Effizienz versuchen sie durch Kraftaufwand auszugleichen. Das kostet unnötig Kraft und verkürzt die Ausdauer, gleichzeitig macht es auch langsamer und hinterlässt bei ihnen selbst den Eindruck, dass es sehr aufwändig sei, im Wasser rasch vorwärtszukommen. Für den unwissenden Beobachter schaut dieser Schwimmer vielleicht „sportlicher" aus, weil er viel Wasser verspritzt und keucht und ständig alle Gliedmaßen in intensiver Bewegung sind – aber der Wissende sieht auf den ersten Blick: Hier verschwendet jemand wertvolle Kraft und Energie. Erst wenn ein solcher Schwimmer sich mit der richtigen Technik vertraut macht und sie sich antrainiert, dann merkt er, dass er mit viel weniger Kraftaufwand viel länger und viel entspannter schwimmen kann, wenn er eben die Technik erlernt.

Auch abseits des Wassers machen viele Menschen mächtig viele Wellen, schlagen um sich und versuchen, mit Kraft und Druck das auszugleichen, was ihnen an ruhiger Einsicht, geduldigem Training und kluger Technik fehlt. Ja, so kommt man auch irgendwie voran, es scheint vielleicht sogar effektiver, aber es ist anstrengender und zugleich ermüdender als nötig: Man ist damit viel schneller am Ende der Kräfte und wundert sich vielleicht, wie einfach es andere Menschen haben, die scheinbar mühelos an einem vorbeigleiten.

Christus bietet uns einen lebenslangen Lehrgang in Sachen „Richtige Lebenstechnik", damit wir statt mit eigenem ineffizientem Kraftaufwand besser durch seine gebündelte Kraft auf seinen Wellen gleiten können: Nicht ohne unseren Einsatz, aber vor allem ganz gewiss getragen von seinem Element und seiner Weisheit. In immer zunehmender Selbstverständlichkeit können Christen mit und in Gott leben und handeln und wie geübte Profischwimmer jede Welle überwinden und trotzdem genug Atem für die weitere Distanz haben.

„Durch Stillsein und Vertrauen könntet ihr stark sein." (Jesaja 30,15)

61 Der Standard

Zwischen einer Insel und dem gegenüberliegenden Festland war lange Zeit nur ein Fährverkehr möglich. Die Fahrt dauerte lange und war mühsam und teuer. Besuche, Einkäufe und Ausflüge am jeweils anderen Ufer bedeuteten lange Planung und Geduld – und oft unterließen die Menschen sie dann wegen der damit verbundenen Mühe. Irgendwann wurde eine Brücke gebaut – enorm lang, hoch und teuer. Mit der Eröffnung verkürzte sich die Wegzeit auf wenige Minuten, die „Reise" hinüber wurde bequem und alltäglich. Die Menschen auf der Insel und am Festland freuten sich darüber.

Viele Jahr später muss die Brücke wegen der Abnützung für dringende Sanierungsarbeiten monatelang gesperrt werden. Den Menschen ist es unvorstellbar, jetzt nicht mehr mit einer kurzen Autofahrt das Wasser überqueren zu können. Sie müssen wieder stundenlang mit der Fähre übersetzen. Es kommt zu heftigen Protesten gegen die Sperre, die ja aber trotzdem notwendig bleibt. Die Experten, die aus gutem Grund die Sperre verordnet haben, werden persönlich angegriffen und beschimpft. Man hat sich so sehr an die früher einmal nicht vorhandene Bequemlichkeit gewöhnt, dass eine Rückkehr zu früheren Zuständen – selbst für eine begrenzte Zeit – undenkbar ist und dann, als es wirklich zur Sperre kommt, als unendlich mühsam empfunden wird. Die Brücke war der neue, selbstverständliche Standard. Man sieht zwar ein, dass jede Brücke irgendwann einmal repariert werden muss, aber ein Leben ohne sie wird im Alltag trotzdem rasch als Qual empfunden.

In unserem Leben gewöhnen wir uns sehr rasch an neue, bessere Standards, die wir lange herbeigesehnt haben – eine neue Liebesbeziehung, eine neue Wohnung, ein neuer Arbeitsplatz, ein neues privates Projekt. Gott baut neue Brücken in unserem Leben, die uns das Leben leichter und einfacher machen. Er will aber nicht, dass wir unser Lebensglück und unsere Freude von diesen Brücken abhängig machen. Wenn er saniert, repariert, vielleicht sogar Brücken wieder abbricht, ist es an uns, die Notwendigkeit zu akzeptieren, auch wenn wir sie nicht verstehen. Es ist immer zu unserem Besten, was er verordnet.

„Dankt Gott, dem Vater, zu jeder Zeit für alles."
(Epheserbrief 5,20)

62 Die Passagiere

Die Passagiere auf einem Kreuzfahrtschiff interessiert vor allem das Essen und die Unterhaltung und die Ausblicke vom Sonnendeck. Was in den Tiefen des Maschinenraums oder oben auf der Brücke vor sich geht, ist ihnen weitgehend egal – es muss nur unauffällig funktionieren. Die meisten haben auch keine Ahnung davon, wie die nötige Kraft für den Antrieb erzeugt wird und wie ein Schiffsmotor aufgebaut ist, welche Gefahren es zu meistern gilt und wie schwierig es ist, ein solches Schiff zu steuern. Sie sind eben nur Passagiere und wissen für sich selbst das Allernötigste. Im Maschinenraum laufen die Motoren; oben auf den Decks und in den Luxuskabinen wird geschlemmt, gespielt, geschlafen.

In unseren Körpern sind wir wie Passagiere auf einem Schiff durch diese Welt und dieses Leben unterwegs: Über die Billionen Zellen und tausenden Abläufe in allen Körperteilen, über ihr Zusammenspiel und die chemischen und elektromagnetischen Voraussetzungen in ihrem eigenen Körper wissen die meisten Menschen nichts. Über dem „Maschinenraum" unseres Körpers, eng mit ihm verbunden, aber mit sehr begrenzter Einsicht und Einflussmöglichkeit, leben wir an seiner Oberfläche (sozusagen am Sonnendeck) unser Leben. Wir sind angewiesen auf diese Zellen, Organe und Funktionen; aber das eigentliche Leben ist im Geist, der in diesem Körper, oben auf den Decks, wohnt: Der Geist denkt und liebt, und dazu nutzt er manchmal auch den Körper; nicht der Körper, sondern der Geist ist kreativ, mutig, neugierig und (hoffentlich) hilfsbereit. Wären Tiere Schiffe, sie würden fast nur aus Maschinenraum und einer kleinen Kommando-Brücke bestehen; wir Menschen dagegen hätten als Schiffe auch Restaurants, Theater, Fitnessräume, Swimmingpools und Vieles mehr: Alles in uns ist vorbereitet für Gutes und Schönes im Leben, egal wie die konkreten Lebensumstände eines Menschen sind.

Gott treibt mit jedem Menschen einen enormen Aufwand an Körper und Geist – seit der Zeugung bis zu diesem Moment. Jeder Mensch ist wie ein riesiges, enorm komplexes Kreuzfahrtschiff. Aber wer bewohnt die Kabinen meines Schiffes? Wer darf in die Restaurants, in die Theater, in die Pools? Und wohin fährt mein Lebensschiff überhaupt?

Für wen ist dieser ganze enorme Aufwand meines Lebens, meines Körpers und Geistes? Gott will als Passagier aufgenommen und zum Kapitän ernannt werden. Dann stimmen Richtung und Ziel, und erst dann erfüllt sich, was Gott erreichen will: Dass das ganze Schiff von ihm kompetent in sichere Gewässer gesteuert wird. Denn auch der stärkste Maschinenraum und die schönsten Sonnendecks gehen unter, wenn das ganze Schiff sinkt – was Gott um jeden Preis verhindern will.

„Wisst ihr nicht, dass euer Körper ein Tempel des Heiligen Geistes in euch ist, der in euch lebt und euch von Gott geschenkt wurde? Ihr gehört nicht euch selbst." (1. Korintherbrief 6,19)

63 Der Schmetterling

Jedes Kind weiß, dass ein Schmetterling vorher eine Raupe war – dass sich also auf der ganzen Welt milliardenfach dieser wunderbare Wandel vollzieht (und auch die meisten Käfer erleben etwas Ähnliches). Ja, auch Raupen sind oft bunt und auf ihre Art schön, aber fliegen können ist doch etwas ganz Anderes als am Boden kriechen, egal wie bunt die Raupe auch war.

Gott eröffnet uns mit seiner Einladung zu ihm genau die gleiche Herrlichkeit, die gleiche totale Lebensveränderung: Vom bloßen Mensch-Sein (was auch schon gewaltig und faszinierend ist) hinein in etwas ganz Neues, unendlich Besseres zu wechseln, eine neue Kreatur zu sein, eine neue Existenz mit und von ihm zu leben. Wir können das alte Raupen-Leben zurücklassen, in dem wir herumgekrochen sind, und dürfen als Gottes Kinder neue, wunderschöne Flügel entfalten und zu Höhenflügen abheben – jeden Tag wieder.

Nach dieser wunderbaren Verwandlung ist jede Sünde, jedes Misstrauen, jedes Wegschauen von Gott so, wie wenn der wunderbare Schmetterling wieder in den Kokon zurückschleichen will und sich nach dem Herumkriechen als Raupe im Dreck zurücksehnt. Wer mit Gott fliegen gelernt hat, will doch nicht mehr kriechen. Und wer von Blüte zu Blüte der schönsten Blumen segelt, wühlt nicht mehr in Erde, Schlamm und Dreck. So will auch Gott uns den Weg zurück immer widerlicher machen, denn Sünde und Distanz zu Gott ist in sich so dumm, so verkehrt, so unsinnig, dass John Mark Comer ganz Recht hat: *„Sin is its own punishment"*. Denn Sünde ist ihre eigene Strafe; also wer sündigt, ist allein schon durch die Tatsache des Sündigens so schwer bestraft wie einer, der freiwillig in Scheiße schwimmt und es auch noch irgendwie schön findet. Der braucht keine Strafe mehr; er erlebt sie schon im Sündigen selbst.

„Wer mit Christus lebt, wird ein neuer Mensch. Er ist nicht mehr derselbe, denn sein altes Leben ist vorbei. Ein neues Leben hat begonnen!" (2. Korintherbrief 5,17)

64 Das Orchester

Egal ob man Orchester-Musik mag oder nicht: Irgendwie ist das Zusammenspiel eines Orchesters doch faszinierend. Jede Musikerin, jeder Musiker hat ein Instrument, das er oder sie perfekt beherrscht und immer noch besser beherrschen will. Und jeder trägt seinen Teil zum Ganzen bei, ohne auf andere Musiker im Orchester irgendwie neidig zu sein: Denn wenn in einem Musikstück zum Beispiel die Flötistin ein besonders auffälliges, schönes Solo hat und nachher vom Publikum am lautesten beklatscht und geehrt wird – es wäre absurd, wenn der Paukenspieler oder ein Trompeter sie böse anschaut und sich über ihren Erfolg ärgert: Es steht ja alles so in der Partitur, der Komponist wollte es ja genauso! Die Flötistin hat wie alle anderen Musiker einfach ihr Bestes gegeben, und hätte sie es verpatzt, wäre das ganze Musikstück beschädigt, und auch die Leistung des Paukenspielers und des Trompeters würde unbeachtet bleiben. Viel eher werden die Orchesterkollegen stolz auf ihre Kollegin, die Flötistin sein, dass sie es wieder so gut hinbekommen hat und so zum Erfolg des ganzen Orchesters beiträgt. Und was soll's: Schon beim nächsten Stück steht dann ohnehin jemand anderer im Vordergrund, vielleicht die Cellistin oder der Hornist oder ein Klaviervirtuose.

Als Kirche und Gemeinde können wir uns wie ein Orchester verstehen: Wir erzeugen unter kompetenter Leitung gemeinsam etwas Wunderbares, was keiner alleine zustandebringen kann. Wir sind stolz aufeinander, jeder von uns lernt dazu und nimmt die Sache ernst und genießt sie auch, so wie Musiker es bei aller Anstrengung doch genießen, zu musizieren. Wer welches Solo spielt und wer wann besonders glänzt und geehrt wird, ist nicht wichtig; es liegt nicht an uns, sondern an der Partitur, die ein anderer geschrieben hat und die nicht einfach so verändert werden darf. Das Ergebnis des Ganzen ist satte Schönheit oder auch ungewohnte neue Klangmischungen, jedenfalls aber ein gemeinsam gestaltetes Ereignis, dessen Faszination rational nicht erklärbar ist. Denn wer versteht schon, wieso schwingende Luftteilchen als Musik (egal welcher Stil) uns Menschen so sehr bewegen können? Musik und Gemeinde sind sehr ähnliche Wunder Gottes.

„Jeder Einzelne ist auf alle anderen angewiesen."
(Römerbrief 12,5)

65 Die Zukunft

Die Zukunft liegt vor uns wie der zweite Teil eines Konzerts für die Musiker und Zuhörer in der Pause: Sie wissen, was bisher war, und in den Grundzügen steht schon fest, was kommen wird – welche Stücke gespielt werden, welche Töne welches Instrument beisteuern wird und dass das ganze Konzert auch einmal ein Ende haben wird. Aber die Details sind offen und werden nur durch das Handeln aller Beteiligten zur erlebten Wirklichkeit: Jeder Musiker muss seinen Beitrag leisten, und jeder Zuhörer muss auch im zweiten Teil des Konzerts anwesend sein und ihn erleben, ohne zu stören oder plötzlich selbst ein Instrument auszupacken und mitzuspielen. Es kann sein, dass den Musikern Fehler passieren und den Gesamteindruck des Konzerts verändern; es kann sein, dass manche Zuhörer aufstehen und frühzeitig gehen oder an unpassender Stelle laut husten oder niesen. Das ist im Moment ärgerlich, ändert aber nichts am Gesamtverlauf und der Musik, wie sie der Komponist ausgedacht hat. Wie diese Musik umgesetzt wird, wie gut sie klingt, und wie friedlich oder gestört das Konzert abläuft, liegt an den Ausführenden und dem Publikum an diesem konkreten Tag. Alle wissen, welche Stücke noch kommen – aber sie wissen nicht, wie das Konzert im Detail weitergeht, einfach weil sie selbst daran mitwirken, wie es weitergeht. So oder so, egal wie das Konzert im Detail verläuft: Am Ende verklingt auch der letzte Ton, und es gibt mehr oder weniger Applaus, und irgendwann werden die Lichter gelöscht und der Konzertsaal wird zugesperrt und alle gehen heim.

Jeder von uns hat seine Rolle in der Zukunft, egal wie diese Rolle konkret aussieht. Wir haben Möglichkeiten und Grenzen, Talente und Behinderungen, gute und schlechte Prägungen. Aus dieser ganz persönlichen Kombination heraus führen wir ganz persönlich aus, was Gott uns als Komponist in die Partitur hineingeschrieben hat. Wir sind frei, wie wir diese Vorgabe, die Möglichkeiten, diese Rolle umsetzen und spielen, aber wir können unsere Stimme, unsere Rolle nicht „umkomponieren", ohne dabei Schaden zu nehmen und zu verursachen. Der Paukenspieler im Orchester könnte jederzeit auf die Pauke hauen, wann immer er will, ohne sich an die Komposition und ihre Vorgaben zu halten: Er wird von niemandem daran gehindert. Aber es wird weder dem Orchester noch ihm selbst gut tun; er wird sich darum an die vorgegebene Komposition halten, damit er und das Orchester am Ende den Applaus ernten. Am Ende aber wird der Saal jedenfalls zugesperrt und alle gehen heim, wo sie hingehören.

„Alles ist erlaubt, aber nicht alles ist nützlich."
(1. Korintherbrief 6,12)

66 Die Torte

Eine gute Torte besteht meist aus zwei Teilen: Die eigentliche Torte, also der Kuchenteig, und die Glasur, die den Kuchenteig überzieht, ihn schön und verlockend macht. Nur Glasur ist zu wenig, sie ist eigentlich im Grunde ungenießbar. Kuchenteig alleine geht, ist aber doch eine sehr reduzierte Freude. Auf den Kuchen kommt es an – und die Glasur ist als Draufgabe super, aber nicht unverzichtbar. Zur Not geht es auch ohne.

Unser Leben besteht auch aus Substanz, sozusagen aus Lebenskuchenteig, und mehr oder weniger hübscher Glasur drüber. Die Frage ist: Was in meinem Leben ist die wesentliche, lebensnotwendige Substanz, und was ist (nur) Glasur, auf die ich zur Not verzichten kann – auch wenn meine Lebenstorte dann etwas weniger schön und anziehend ist? Für viele Menschen gehört der Glaube, gehört Gott eher zur Glasur: Nett und süß, wenn vorhanden, aber letztlich nicht wesentlich. Zur Not geht's ganz gut auch ohne. Die Substanz, die Hoffnungen und Erwartungen ihres Lebens liegen ganz woanders.

Wer Jesus als lebendig kennen gelernt hat, der weiß: Er ist die Substanz des Lebenskuchens, und alles was wir selber dazutun, ist bestenfalls Glasur. Was wir hinzufügen an Äußerlichkeiten, Erfolgen, Reisen, Kunstwerken, Gegenständen und alles andere – das ist letztlich nicht die Substanz unseres Lebens als Christen, weil all das liegt an der sichtbaren Oberfläche unseres Lebens, wie eine Glasur über der Torte, und ist wie die Glasur von der Torte als erstes weg, wenn die Umstände darüberwehen. Was aber im Inneren eines Menschen an Beziehung zu Jesus als der Quelle des Lebens besteht, lebt und wächst, ist Substanz, ist Kuchen. Die Glasur zu entfernen, zerstört die Torte nicht. Aber wer von der Torte den Teig, also die eigentliche Torte, entfernt, zerstört die ganze Torte. Gott wird immer wieder von unserem Leben äußerliche Glasur behutsam ablösen, wenn sie uns vom Wesentlichen ablenkt. Aber er wird nie Teig, nie echte Substanz unseres inneren Menschen, unseres unsichtbaren Da-Seins entfernen, sondern er will den inneren Menschen erfrischen und erneuern und bereichern.

„Christus ist mein Leben."
(Philipperbrief 1,21)

67 Die Lieblingsspeise

Ein allgemein anerkanntes Sprichwort sagt über das Essen: „Das Auge isst mit." Wenn Speisen appetitlich angerichtet und präsentiert werden, schmecken sie einfach besser und man denkt nicht lange über ihren Nährwert nach, sondern genießt sie einfach. Wir sind es gewohnt, dass unsere Lebensmittel und Gerichte (zumindest die Lieblingsspeisen) möglichst anziehend und einladend aussehen.

Einmal angenommen, es gäbe nur hässliche und abstoßende Lebensmittel und Speisen, die man auch nicht schöner machen kann, und die noch dazu unveränderbar widerlich schmecken: Früher oder später würden wir sie trotzdem essen, einfach weil wir essen müssen und nicht verhungern wollen. Wir würden früher oder später aufhören, Bedingungen an diese widerlichen Speisen zu stellen („Ich esse das nur, wenn…", „Ich werde so lange nichts mehr essen, bis…"). Wir würden den Ekel überwinden und doch in den Mund nehmen, was eben zum Essen da ist, und zwar so, wie es nun einmal ist. Wir brauchen die Speise und können uns in letzter Konsequenz nur aussuchen, zu verhungern oder das in uns aufzunehmen, was vorhanden ist. Umso herrlicher, dass es eben doch Speisen gibt, die schön, unwiderstehlich und appetitanregend sind und auch gut schmecken – was gar nicht selbstverständlich ist.

Bei Gott und dem Glauben an ihn ist es ähnlich. Selbst wenn der allwissende und allmächtige Schöpfer des Universums in unseren Augen ein widerliches, bösartiges, abstoßendes Lebewesen wäre, das uns Menschen nur aus bösen Motiven geschaffen hat – selbst dann (oder vielleicht gerade dann) müssten wir uns ihm unbedingt zuwenden, einfach weil wir existenziell von ihm abhängen, egal wie schön oder hässlich er und sein Handeln uns vorkommen. Wir müssten ihn und sein Wesen trotzdem an uns heranlassen, in uns aufnehmen, weil unser Leben von ihm als der allwissenden und allmächtigen Quelle des Lebens abhängt, selbst wenn diese Quelle uns überhaupt nicht gefällt.

Umso beglückender ist es, dass Gott wunderschön, wohlwollend, liebevoll, warmherzig und vieles Gutes mehr ist. Die ewige Quelle des Lebens ist anziehend und einladend. Umso leichter müsste es uns fallen, ihn ohne dumme Bedingungen („Ich glaube nur an Gott, wenn ich verstehe, wieso er …" etc.) zu verehren, an uns heranzulassen, in uns aufzunehmen – denn wir sind existenziell von ihm abhängig, und er ist noch dazu ein vollkommen guter Charakter. Er ist attraktiver als jede Lieblingsspeise, die uns nährt und zugleich auch noch schmeckt. Die Lieblingsspeise zu genießen, dazu muss sich niemand überwinden, denn sie zieht Augen und Mund an, und man kann kaum genug davon bekommen und stellt auch keine Bedingungen, bevor man sie genießt. Gott ist unendlich besser als jede Lieblingsspeise; aber als Ausgangspunkt, um Gottes Herrlichkeit etwas besser zu verstehen und zu schätzen, ist der schwache Vergleich mit der eigenen Lieblingsspeise vielleicht gar nicht so schlecht.

„Schmeckt und seht, wie freundlich Gott ist."
(Psalm 34,9)

68 Das Ehepaar

Ein junges Ehepaar erlebt seine Hochzeit als so schön und wunderbar, dass sie beschließen, diesen Tag in besonderen Ehren zu halten. In den ersten Monaten ihrer jungen Ehe feiern sie immer am 15. des Monats, weil sie am 15. Mai geheiratet haben. Sie denken intensiv an den Tag zurück, schauen sich alle Fotos an und weihen den Tag ganz ihrer Erinnerung. Natürlich war ihre Hochzeit das wichtigste Erlebnis in ihrem Leben! Dann beginnen sie zusätzlich, jeden Samstag in der Erinnerung an ihre Hochzeit zu verbringen (denn sie haben an einem Samstag geheiratet). Nach einiger Zeit genügt auch das nicht mehr, und sie feiern ihre Hochzeit einfach jeden Tag. Sie kommen gar nicht mehr dazu, über ihre Zukunft nachzudenken oder ihre Gegenwart zu genießen – sie leben ganz im Gedenken und der Dankbarkeit für diesen einen erlösenden Tag, der sie damals endgültig zusammengeschweißt hat. So leben sie miteinander keine Ehe, sondern eine Erinnerung, für die sie zwar dankbar und glücklich sind, die sie aber auch hindert, in das neue gemeinsame Leben hineinzugehen, wegen dem sie eigentlich geheiratet haben.

Jesus hat uns erlöst und unsere Schuld vergeben, damit wir Zutritt zu einer großartigen Gegenwart und Zukunft haben. Sein Opfer, seine Hingabe, sein Handeln in der Vergangenheit ist Grundlage und Eintrittskarte in ein neues Leben. Aber das neue Leben besteht eben nicht aus dieser Eintrittskarte, so wie die Hochzeit nicht die Ehe ausmacht, auch wenn es richtig und schön ist, den eigenen Hochzeitstag dankbar in Ehren zu halten. Wenn wir Jesus auf sein Opfer, seine Hingabe, sein Handeln in der Vergangenheit reduzieren und das wichtigste am Christsein die Vergebung der Sünden ist – dann leben wir mit ihm wie Ehepartner, die ganz aus der Erinnerung und Dankbarkeit für ihre Hochzeit leben und keine weitere Zukunftsperspektive haben und wollen. Sicher: Jesus wird ewig für sein Opfer gelobt werden; aber die Ewigkeit wird aus viel mehr bestehen als „in den Himmel kommen" und der Erinnerung an den Weg dorthin. Schon die Gegenwart hat viel mehr für uns an Chancen und Herausforderungen, Aufgaben und Genuss als alleine die Vergebung – die wir wie eine weit offene Eingangstür zu allem Weiteren unbedingt brauchen.

So wie die Hochzeit nur die Voraussetzung für die Ehe ist, aber die Ehe aus unendlich mehr als der Hochzeit besteht: So besteht Leben in und aus Gott aus viel mehr als bloß der Vergebung der Sünden, so viel das für sich genommen auch schon ist. Neues Leben ist mehr als nur das alte Leben losgeworden zu sein – die Perspektive ist Vorwärts statt Rückwärts, auch wenn wir nie vergessen, was Gott uns alles schon Gutes getan hat.

„Lasst uns aufhören, ständig die Grundaussagen der Lehre von Christus zu wiederholen. Wir wollen weitergehen und im Verständnis reifer werden."
(Hebräerbrief 6,1)

69 Die Bühne

Im Inneren jedes Menschen gibt es eine Bühne. Im vollen Scheinwerferlicht der eigenen Aufmerksamkeit findet dort ständig eine Aufführung statt, in deren Mittelpunkt der jeweilige Mensch selbst steht. In diesem Stück werden die Erlebnisse des Menschen draußen in der Welt reflektiert, erklärt, interpretiert und bewertet. Zugleich ist dieser Mensch selbst auch das Publikum: Seine ganze Erwartung und Gefühlswelt richtet sich auf das Geschehen seines eigenen Lebensstücks, mit ihm selbst als Solo- oder Hauptdarsteller. Von diesem inneren Theater kommen Kraft und Enttäuschung, Freude und Langeweile – je nachdem, wie das Stück auf der inneren Bühne wirkt. In dieses Stück auf der inneren

Bühne investieren Menschen normalerweise ihren Einsatz und ihre Mittel, damit es in ihren Augen möglichst erfolgreich, befriedigend und schön verläuft. Auch wer sich selbst für andere einsetzt, hingibt, opfert, tut dies letztlich, damit dieses innere Schauspiel ein Erfolg beim Publikum wird – nämlich in der eigenen inneren Wahrnehmung und Bewertung. All das ist unabhängig von Glauben und Religion, gerade so wie unsere Körperteile und ihre Funktionen.

Mit dem lebendigen Gott leben heißt aber, dass nun ein weiterer Darsteller auf diese innere Bühne tritt, und dass im Publikum nun neben einem selbst auch dieser Gott sitzt. Er wirkt am Verlauf des Stücks immer auffälliger mit, und zugleich wird sein Urteil, seine Zustimmung, sein Applaus immer wichtiger. Die gemeinsame Aufmerksamkeit richtet sich immer weniger darauf, wie schön das eigene Lebensstück in den eigenen Augen ist und wie sehr man selber als Hauptdarsteller darin glänzt und sich selbst gefällt. Stattdessen wird dieser Gott immer mehr zum Hauptdarsteller (und ist zugleich in Wahrheit immer auch Autor, Regisseur, Bühnenbildner, Tontechniker und alles andere), der gekonnt den entscheidenden Einfluss auf den Verlauf des Stückes nehmen darf, ohne den Menschen deswegen aus dem Stück zu drängen. Zugleich findet der Mensch es immer wichtiger, mit seinem Stück diesem wohlmeinenden Mitbetrachter zu gefallen, und er zieht immer mehr Freude aus der Freude des Zuschauers am Platz neben ihm.

„Findet heraus, was dem Herrn Freude macht."
(Epheserbrief 5,10)

70 Der totale Experte

Für die Montage eines großen Flugzeugs braucht es viele hunderttausende Einzelteile und viele Menschen, die dazu Hand anlegen. Jeder von ihnen ist für einen Teilbereich des Flugzeugs erfahrener Spezialist, etwa für die Triebwerke, die Tragflächen oder die Bordelektrik, ebenso IT-Fachleute, Experten für die Inneneinrichtung und die Cockpitausstattung. Jeder kann sich nur um seinen Teilbereich kümmern und ist froh, dass er sich von den vielen anderen Teilbereichen heraushalten kann, um die sich andere Spezialisten kümmern. Ja, es gibt auch Verantwortliche, die den Gesamtüberblick haben. Aber diese müssen wiederum alle Details den Fachexperten für die Teilbereiche überlassen und schreiten nur bei groben Problemen ein.

Manchmal scheint es, als wäre es bei Gott auch so: Er hat zwar vielleicht den großen Überblick, den großen „Plan", aber die Details gibt er aus der Hand und mischt sich nur ein, wenn es gar nicht anders geht. Menschen, die Natur und ihre Gesetzmäßigkeiten, Sterne und Planeten, Chemie und Physik, das Klima und die Wetterlage – sie alle scheinen autonom zu funktionieren und zusammenzuspielen, mal besser, mal schlechter, jedenfalls aber von selbst. Punktuell greift dieser Gott möglicherweise ein oder auch nicht, vielleicht ist ihm manches auch schon zu kompliziert oder mühsam oder er will einfach nicht. Ist nach diesem Verständnis auch nicht nötig: Er hat ja das Ganze zwar in Gang gesetzt und mit einer gewissen Ablauflogik ausgestattet, die aber nun von selber abschnurrt, sodass er sich vorläufig mal zurückziehen kann und die ganze Maschine namens

„Welt" einfach nach der vorgegebenen Mechanik dahinrattern lässt, egal wohin das führt.

Wer die Bibel ernst nimmt, kommt zu einem ganz anderen Eindruck: Der lebendige Gott verfügt über einen so enormen Überfluss an Aufmerksamkeit, an Engagement, an Interesse an seiner Schöpfung und seinen Geschöpfen, dass er persönlich ständig in jedem Detail involviert ist, auch wenn er nicht alles wie ein Puppenspieler an seinen Fäden lenkt. Er ist aktiv anwesend und weiß alles über alles. Seine Kompetenz ist total. Er ist Spezialist, Experte und Autorität für jeden Aspekt des Lebens. Nichts überfordert ihn oder bringt ihn ans Limit seiner Möglichkeiten, weder zeitlich noch emotional noch intellektuell. Er weiß jederzeit alles über alles, hat auf alles Zugriff und nützt diesen Zugriff auch ohne jede Anstrengung – und ist damit perfekt glücklich.

„Er erhält das Universum durch die Macht seines Wortes." (Hebräerbrief 1,3)

71 Die Freiheit

In vielen Staaten verlieren Menschen, die eine Freiheitsstrafe im Gefängnis absitzen, das Wahlrecht für politische Wahlen. Sie können nicht mehr entscheiden, wem sie ihre Stimme geben und sind von der demokratischen Freiheit ausgeschlossen. Erst nach ihrer Entlassung bekommen sie diese Freiheit zurück, sich bei Wahlen zu entscheiden. Im Gefängnis können sie zwar eine Meinung über verschiedene Parteien oder Politiker haben, aber sie haben nicht die Freiheit, aus dieser Meinung eine echte, relevante, konkrete Entscheidung zu machen. Sie können sich auch nicht dafür entscheiden, sich diese Freiheit einfach selbst zu nehmen und wählen zu gehen. Die Freiheit ist völlig außerhalb ihrer Reichweite, sie können nicht zwischen Freiheit und Gefangenschaft wählen. Sie müssen in Unfreiheit bleiben.

So geht es auch Menschen, die durch die Gitterstäbe ihrer eigenen Verständnis-Grenzen eingesperrt ohne Gott leben. Sie können zwar verschiedene Meinungen über Gott haben, aber solange sie in ihrem Gefängnis sitzen, können sie sich nicht zwischen Freiheit und Unfreiheit entscheiden. Sie können sich ohne Gott auch nicht dafür entscheiden, das wirklich Richtige vor Gott zu tun. Kann sein, dass sie mit ihrem Handeln manchmal Gottes Absichten nahekommen oder sie sogar erfüllen, aber ohne es zu wissen und zu wollen – und das ist nicht, wie Gott mit Menschen leben will: Er will in einer bewussten, beglückenden Beziehung mit Menschen leben.

Wer ohne Gott lebt, kann sich nicht einfach selbst frei dafür entscheiden, von nun an mit Gott zu leben. Erst wo Gott selbst Freiheit schafft und schenkt, kommt ein Mensch überhaupt in die Wahlmöglichkeit zwischen Unfreiheit und Freiheit. Erst wo Gott eingreift, freispricht und Ketten sprengt, wird eine bewusste Wahl zwischen Richtig und Falsch, zwischen Gut und Böse möglich. Erst dann sind wir frei, das, was er will, lieber zu wollen als das, was wir wollen – und das ist das

Maximum an Freiheit und Glück, weil sein Wille vollkommen gut, richtig und erfüllend ist.

„Wo der Geist des Herrn ist, da ist Freiheit."
(2. Korintherbrief 3,17)

72 Der Star und sein Fan

Bei einem Konzert eines weltweit berühmten Rockmusikers hebt eine junge Frau irgendwo im Publikum ein Schild hoch, auf dem steht „Lasst mich kurz zu ihm!" Sie hat den sehnlichen Wunsch, wenigstens ein paar Augenblicke mit dem verehrten Idol alleine zu sein, hinter der Bühne in seinem Ruheraum oder sonst wo. Was wäre das für eine Auszeichnung! Was wären das für unvergessliche Momente in seiner Gegenwart: Die Luft einzuatmen, die zuvor in seinen Lungen war! Ihn aus nächster Nähe anzusehen, ein paar Worte aus seinem Mund zu hören, selbst sein Husten, sein Niesen, sein Atmen wäre schon genug.

Möglicherweise würde er sogar ihren Arm berühren, ihr kurz über den Kopf streichen, sich für ihre Begeisterung bedanken und ihr alles Gute wünschen, bevor er dann wieder weitermuss. Ihr restliches Leben lang würde sie daran denken, wie nahe sie ihm war und wie freundlich er zu ihr war, der große Star, den sie nun kennt, wie kaum sonst ein Fan ihn kennt. Natürlich wird der Wunsch auf ihrem Schild nicht erfüllt, niemand sieht das Schild, niemand kommt auf die Idee, sie wirklich zu ihm hinter die Bühne zu führen. Hunderte andere haben denselben Wunsch, und das würde den Star doch überfordern, wenn die alle in seinem Ruheraum auftauchen.

Gott ist viel mehr als ein „Star", und er bietet uns viel mehr, als „kurz zu ihm" gelassen zu werden (und selbst das allein wäre schon grandios). Wir sollen immer in seiner Nähe sein, mehr noch: Wir sollen immer mit ihm in uns verbunden sein. Er will mit uns zusammenwachsen, uns von allen Seiten umgeben, auch von unserer Innenseite. Die Sehnsucht und Begeisterung der Fans von Musikern oder Sportlern ist ein Schatten davon, wie eigentlich unsere Sehnsucht und Begeisterung nach dem vollkommenen Lebewesen Gott sein sollte – diese Sehnsucht, Begeisterung, Liebe sollte zugleich selbstverständlich und extravagant sein. Gottes „Leistung" ist viel umfassender, totaler, persönlicher als jede Leistung eines menschlichen Stars. Erhält er dafür zumindest den gleichen Applaus, den wir Fußballern, Sängern oder anderen Künstlern für ihre vergänglichen Kunststücke gerne und ohne zu zögern von Herzen spenden?

„Niemand kann tun, was du (Gott) tust."
(Psalm 86,8)

73 Die Realität

Ein Mensch fährt mit dem Zug von München nach Zürich. Während der Fahrt kann er Zürich natürlich noch nicht sehen, aber er stellt sich alles schon vor: Die Stadt, die Berge, den See, die Kirchen und Parks, den Fluss Limmat, das Menschentreiben in den Gassen. Er weiß, dass viele Menschen Zürich kennen und lieben; er selbst war schon oft dort und hat darum eine gute Vorstellung von der Stadt. Aber jetzt, während er im Zug unterwegs dorthin ist, ist es eben nur eine Vorstellung. Er ist sicher: Zürich existiert, und in kurzer Zeit werde ich dort sein und selbst in Zürich eintauchen und dort leben. Es ist für ihn schon ganz real, auch wenn vor seinem Abteilfenster vorläufig noch andere Städte, Wiesen, Wälder und Landschaften vorbeirauschen. Als der Zug dann in Zürich einfährt, wird aus seiner Vorstellung für ihn Realität: Er sieht und erlebt nun diese Stadt, die er zuvor nur in seiner Vorstellung gesehen hat. Das funktioniert – aber nicht weil er so fest an Zürich geglaubt hat, und nicht weil er sich so sehr gewünscht hat, nach Zürich zu gelangen, obwohl diese Stadt gar nicht wirklich existiert; sondern weil es Zürich eben wirklich gibt und man dorthin gelangen und in diese Stadt tatsächlich eintauchen kann. Nur deshalb wird aus der Vorstellung eine greifbare Wirklichkeit.

So ist es auch mit unserem Leben: Gott existiert, so wie Zürich existiert. Vorübergehend müssen wir uns manchmal auf etwas Anderes als auf ihn konzentrieren, sind also in unserem Leben auf unseren Schienen „unterwegs". Doch während diesem Unterwegs-Sein haben wir eine wachsende Vorstellung von Gott – durch eigene Erlebnisse mit ihm, durch das was andere Menschen mit ihm erleben, was die Bibel über ihn sagt und Vieles mehr. Wir sind unterwegs – aber wann immer wir ihm innerlich Raum geben, wenn wir die Gedanken auf ihn lenken, dann läuft unser Gedankenzug bei ihm ein. Dann wird aus dieser Vorstellung greifbare Realität.

Gott ist Realität, auch wenn wir nicht an ihn denken – so wie Zürich Realität ist, auch wenn wir nicht dort sind und nicht an diese reale Stadt denken. Aber wer sich nach Zürich aufmacht, erlebt beim Ankommen und Dort-Sein, dass aus der Vorstellung eben Realität wird. Wer sich zum ersten Mal und immer wieder zu Gott aufmacht, erlebt, dass aus einer realistischen Vorstellung von Gott Realität wird: Weil Gott eben wirklich real existiert. So wie der Zug in Zürich einfährt und man nun eintaucht in diese Stadt, so fährt unser Herz bei Gott ein und wir tauchen ein in seine Gegenwart und Realität.

„(Glaube ist) **die Überzeugung, dass das, was man nicht sieht, existiert.“** *(Hebräerbrief 11,1)*

74 Der Beweis

Ein junger Mann wirbt um die Liebe einer Frau, denn er will sie heiraten. Sie aber ist sich nicht sicher und sagt: „Beweise mir, dass du es wirklich ehrlich meinst und dein Leben mit mir verbringen willst.“ Da geht er hin und baut ein Haus, das alles bietet, was eine Familie sich nur wünschen kann. Ein aufwändig bepflanzter Garten umgibt das Haus. Die Möbel sind von hoher Qualität. In der Garage steht ein neuer Familien-Van. Er zeigt ihr das alles, und sie ist bereit, sich vorerst einmal auf eine unverbindliche Beziehung einzulassen. „Für eine Verlobung brauche ich noch Beweise, dass du mich wirklich liebst." Da bucht er eine Traumreise, und auf ihren Wunsch fährt er selbst gar nicht mit, sondern lässt sie mit ihren Eltern, Verwandten und Freunden monatelang die Schönheit der fernen Länder genießen – auf seine Kosten. Doch als sie wieder heimkommt, zögert sie immer noch: „Heiraten kann ich dich erst, wenn du mir wirklich deine Treue beweist." Da kommt es eines Tages in ihrem Haus zu einem Einbruch, und der Mann stellt sich den Einbrechern mutig entgegen. Dabei wird er angeschossen und tödlich verletzt. Noch am Grab sagt die Frau achselzuckend: „Ich hätte dich vielleicht geheiratet. Aber jetzt ist es für einen wirklich handfesten Beweis zu spät – du bist ja tot." In ihrer Blindheit muss sie nun alleine und einsam ohne den Mann leben, der sie wirklich geliebt hat und für sie in den Tod gegangen ist. Es war ihr nicht genug.

Menschen sind genauso blind, wenn es um Gott geht: Sie sehen die ganze Welt und sich selbst. Sie kennen die Geschichte, dass Gott in seinem Sohn Jesus den Tod nicht gescheut hat, um mit Menschen zusammenzukommen, und dass es viele gibt, die behaupten, dass er auferstanden ist und in ihnen lebt. Aber sie fordern für ihr Vertrauen ständig neue Beweise, dass es Gott „wirklich" gibt, dass er sie „wirklich" liebt, dass Jesus „wirklich" lebt – und wenn er die nicht wie erwartet erbringt, dann glauben sie eben nicht an ihn und kommen sich dabei sehr frei und souverän vor.

Wer Gott in Wahrheit gar nicht will, wird hunderttausend einleuchtende Gründe finden, die gegen ihn sprechen, und ständig neue Beweise verlangen, bevor er diese Meinung vielleicht doch zu ändern bereit ist. Die „Beweise" sind zwar da, aber auf einer viel grundlegenderen Ebene: Gott schafft und erhält eine ganze Welt; Gott schafft und erhält den Menschen, der frech immer neue Beweise verlangt; Gott bietet Freiheit und Freude und ewiges Leben durch das In-Ihm-Sein an. Wem das nicht genügt, dem wird kein Beweis genügen. Und ihm wird auch kein Beweis gegeben, denn Gott verweigert sich den menschlichen Forderungen. Er hat sich in allem, was existiert, schon längst als lebendig, mächtig und gut bewiesen.

„Seit Erschaffung der Welt haben die Menschen die Erde und den Himmel und alles gesehen, was Gott erschaffen hat, und können daran ihn, den unsichtbaren Gott, in seiner ewigen Macht und seinem göttlichen Wesen klar erkennen. Deshalb haben sie keine Entschuldigung dafür, von Gott nichts gewusst zu haben." (Römerbrief 1,20)

75 Das Vertrauen

Jemand schaut sich im Fernsehen eine Wettersendung an, wo verschiedene Phänomene erklärt und das Wetter der nächsten Tage vorhergesagt wird. Es spricht ein international anerkannter Meteorologe. Doch ein Zuseher glaubt ihm nicht: Denn er meint erkannt zu haben, dass dieser Experte in Wahrheit einer seiner früheren Schulkameraden ist, und der war der Dümmste in der Klasse, und so sagt er sich: „Was der sagt, kann einfach nicht stimmen. Dem glaube ich kein Wort!" Natürlich glaubt er dem Experten auch nicht, als dieser im Verlauf der Sendung ein Unwetter für die nächsten Stunden ankündigt. „Ich glaube nur, was ich selber sehe", sagt der Zuschauer, „und ich erkenne, dass da draußen die Sonne scheint. Dieser Mann da muss wirklich der Klassendummkopf von damals sein." Darum lehnt er auch die Erklärungen des Experten ab, und so versteht er auch nicht, wie der Starkregen und der Hagel zustandekommen, die dann ein paar Stunden später sein Haus und seinen Garten verwüsten.

Bei Menschen kann es oft so sein: Man muss zuerst etwas verstehen, und erst dann kann man bewerten, ob der Absender glaubwürdig und seine Botschaft vertrauenswürdig ist. Bei Gott ist es anders: Da stehen uns die eigenen Grenzen des Verstehens im Weg. Und Gott können wir sowieso nicht auf der Ebene des brüchigen menschlichen Verstandes begreifen. Weil er ist, wer er ist, steht es ihm zu, zuerst unser Vertrauen in seine Person als Ganzes zu verlangen, und dann erst wird er Verständnis in für uns fassbaren Portionen schenken. Gegenüber Menschen ist tatsächlich oft etwas Misstrauen angebracht; beim lebendigen Gott dagegen führt nur Vertrauen zu einem Erkennen der Wahrheit, die in den Stürmen des Lebens Freude, Kraft und Sicherheit gibt.

„Durch Glauben erkennen wir."
(Hebräerbrief 11,3)

76 Die Qualität

Ein gefeierter Opern-Sänger gibt einer fremden Stadt zwei Konzertabende. Am ersten Abend ist der Saal bis zum letzten Platz gefüllt – allerdings sind die Zuhörer schon nach wenigen Minuten enttäuscht: Denn in den Ankündigungen wurde der Name des Sängers falsch geschrieben, nämlich wie der Name eines anderen Sängers, der aber für seine leichte Schlagermusik bekannt und beliebt ist. Entsprechend schlapp sind die Reaktionen der Besucher auf die perfekt gesungenen Opernarien, die sie nicht erwartet haben und nicht mögen, und sie verlassen nach und nach den Saal: Am Ende steht der Opernsänger einsam auf der Bühne.

In der Werbung für den zweiten Abend wird der Fehler korrigiert, sodass diesmal wirklich echte Opernfans kommen: Es sind zwar nicht sehr viele, aber die sind wirklich begeistert und feiern ihren Star noch lange nach seinen fünf Zugaben, die sie ihm abgerungen haben. Natürlich nimmt der Sänger vom ersten Abend nicht die anfangs große Menschenmenge, sondern die enttäuschende Reaktion des Publikums mit; umgekehrt aber erinnert er sich noch lange an die Freude am zweiten Abend – dass es deutlich weniger Besucher waren, spielt angesichts ihrer überwältigenden Begeisterung keine Rolle. Die Qualität der Freude zählt, nicht die Menge.

Die Bibel beschreibt Gott als ein Lebewesen, dem Qualität wichtiger als Quantität ist. Was sofort sichtbar ist, was man leicht messen kann, was sich direkt vergleichen lässt – all das spielt für ihn nur eine untergeordnete Rolle. Zu dieser Haltung lädt er auch uns ein, denn sie macht glücklich und gibt der tieferen Wahrheit Vorrang vor dem Schein und sieht einfach mehr: So wie ein Haus von außen unauffällig, innen aber voller erlesener Schönheit sein kann, oder ein Mensch körperlich kaum attraktiv, aber zu hingebungsvoller Liebe fähig sein kann. Die Schönheit und Qualität unseres Inneren, unserer Herzensgedanken, Gebete, Ziele und Motive interessiert Gott mehr als äußerliche Resultate und Erfolge. Das macht umgekehrt auch unsere sichtbaren Misserfolge weniger schlimm als sie uns oft scheinen. Und wie beim Sänger oben: Mancher anfängliche Erfolg war in Wahrheit gar keiner; aber Vieles, was in unseren Augen zuerst wie ein Misserfolg ausgesehen hat, ist in der umfassenden Rückschau eine Glanzstunde unseres Lebens.

„Der Mensch sieht nur, was vor Augen ist, doch Jahwe sieht ins Herz." (1. Samuel 16,7)

77 Der Wohltäter

In einer entlegenen Stadt in einem armen Land eröffnet ein reicher Fremder einen Wäschesalon: Er hat all die Männer, Frauen und Kinder gesehen, die mühselig ihre Wäsche im Fluss waschen. Stundenlang stehen und bücken sie sich im knietiefen Wasser, es ist trüb und lehmig und voller ungesunder Keime, giftiger Frösche und bissiger Schlangen, und so wird auch die Wäsche nur ein wenig sauberer, aber die Menschen werden immer wieder krank davon. Der Wohltäter hat extra eine Stromversorgung aufgebaut und eine Reihe funkelnder neuer Waschmaschinen mitgebracht. All das stellt er kostenlos zur Verfügung, einfach weil er den Menschen hier einen neuen Komfort und Hilfe für ihr Leben bringen will. Lange kündigt er die Eröffnung an, es soll ein Volksfest sein und allen Freude machen. Aber am Tag der Eröffnung des Salons kommt niemand, die Waschmaschinen bleiben unbenutzt, und aus dem Volksfest wird nichts. Als der Mann zum Fluss geht, stehen die Einheimischen alle wieder im trüben, tiefen Wasser und versuchen, ihre Wäsche auf die gewohnte Weise irgendwie sauberzubekommen. Seine größte Freude wäre es gewesen, wenn sein großzügiges Angebot genutzt werden würde; aber die Menschen dort wollen es lieber doch so machen wie schon ihre Eltern und Großeltern, und sie misstrauen auch der Großzügigkeit des Fremden und den merkwürdigen Geräten, die er mitgebracht hat.

Gott will unser Leben reinigen, und er weiß auch, wie das geht. Er sieht unsere armseligen Bemühungen um gutes Leben ohne ihn, weiß wie krank und kaputt uns das macht, und er kennt auch die traurigen Ergebnisse dieser Bemühungen. Sein kostenloses Angebot steht, aber wir machen es dann doch lieber freiwillig falsch, so wie es die vielen Generationen vor uns probiert haben und letztlich gescheitert sind. Er würde uns gerne jeden Tag, jede Stunde wieder vergeben, reinigen, mit Barmherzigkeit überschütten — aber wir sind zurückhaltend und vorsichtig, weil es könnte ja sein, dass wir damit Neues wagen müssen oder gar seine Freundlichkeit überstrapazieren. Dabei ist seine Freude an der Vergebung und Befreiung größer als unsere eigene daran. So wie wir eine blutende Wunde selbstverständlich sofort mit Pflaster versorgen und das mit Blut verunreinigte Wäschestück sofort ausziehen, sollen wir auch sofort zu Gott kommen, immer wenn uns etwas verletzt oder innerlich verunreinigt, egal ob die Schuld daran nun bei uns oder anderen liegt. Er freut sich mit seinem „Wäschesalon" auf jede Bitte um Reinigung.

„Wir bitten inständig, so, als würde Christus es persönlich tun: Lasst euch mit Gott versöhnen!"
(2. Korintherbrief 5,20)